쓰면서
익히는
삼자경

三字經
쓰면서 익히는 삼자경

한예원 지음

아카넷

『삼자경(三字經)』은 중국 남송시대 이래 21세기 현재에 이르기까지 동아시아에서 가장 널리 읽히는 전통 초학 교재이다. 『삼자경』은 하나의 의미 덩어리를 한자 세 글자(3자 1구)로 구성하여 익히기 쉬우면서도 전통문화의 기본 지식을 두루 갖추어 '세 글자로 배우는 천년의 지혜'를 담아냈다고 칭송받는다.

필자는 이러한 『삼자경』을 한국의 독자에게 소개하기 위하여 『삼자경 인문학』을 집필하였다. 명실 공히 중국문화 입문서, 나아가 동아시아문화 입문서로 사용되길 기대하였다. 인간의 올바른 삶의 모습, 인식해야 할 사물의 범주, 역사의 흥망성쇠, 다양한 재능을 가진 인물들을 3자 한문으로 표현한 『삼자경』의 원문을 가능한 현대인이 이해하기 쉽게 번역하고 해설하였다. 그러나 한 가지 아쉬운 점이 있었다. 눈으로 읽는 것만으로 한자 자체가 지닌 오묘한 세계를 들여다볼 수 없다는 점이다. 한자는 손으로 익힐 때 기억에 오래 남고, 그 글자의 조형미를 이해하게 된다. 그림처럼 눈으로 보고는 그 구성의 깊은 의미를 깨닫기 어렵다. 『쓰면서 익히는 삼자경』에서 한자를 손으로 익힐 때 보다 온전한 『삼자경』 학습이 될 것이다.

한자(漢字)는 현재 지구상 가장 오래된 문자이면서 가장 많은 사람이 사용하는 문자이다. 그러나 현대의 학습자들은 문자를 구성하는 획이 복잡하고 서로 비슷해서 익히기 어렵다고 불만을 토로한다. 어떻게 하면 한자의 모습을 기억에 오래 남길 수 있을까? 답은 손으로 써보는 것이다. 그림 그리듯이 익숙하지 않은 문자를 필순을 참고하여 비슷하게 그려보는 것이다. 사실 한자 중 '핵자(核字)'에 해당하는 100자 정도만 확실히 익히면, 나머지 한자들은 어렵지 않게 쓸 수 있다. 아무리 복잡한 한자도 '핵자'를 2~5개 합성하여 조합한 것이기 때문이다.

『쓰면서 익히는 삼자경』은 『삼자경』에 나오는 한자 500여 자의 음과 뜻을 이해하고 비슷한 한자들을 눈으로 구별하는 것을 목표로 삼는다. 『삼자경』의 중복되지 않은 한자 약 500자를 쓰면서 익히는 과정을 거치면, 결승점에서 놀라운 변화가 일어날 것이다. 한글 문서 작성 시 동음이의자의 '한자 변환'을 통하여 시각적 효과를 강조함으로써 상대에게 의미를 더욱 분명히 전달할 수 있다. 나아가 한자문화권의 중국어나 일본어 학습에서 문자 활용은 물론 일상 회화 능력도 쉽게 향상시킬 수 있다. 그리고 '구글(google)' 못지않게 중국의 '바이두(百度, baidu)'가 검색 엔진으로 많이 쓰이고 있는 만큼 한자 표기를 인터넷 정보 검색에서 활용하면 다양한 정보를 획득할 수 있다.

그런데 한국은 같은 한자문화권에 속하면서도 가장 한자 학습이 저조한 지역이 되었다. 우리가 한자문화권에 속해 있고, 우리말의 많은 어휘가 한자어임에도 불구하고 한자 진입장벽이 높다는 것은 아이러니하다. 이런 진입장벽을 낮추는 방법으로 필자는 동아시아에서 공통으로 사용된 초학 교재 학습을 통하여 한자를 익히고 한문 독해능력을 향상시키는 것을 추천한다. 이 책은 『삼자경』을 친절한 한자쓰기 레슨을 통하여 한걸음 더 나아가게 구성하였다. 한문 고전의 명언명구를 손으로 써보면서 한자 한문에 익숙해지기를 기대한다. 동아시아 한문 고전에 담겨 있는 수준 높은 지성을 학습하면 인생의 새로운 가치관 형성에도 도움이 될 것이다.

2021년 1월 15일

한예원 謹識

차례

필순(筆順)이란 한자를 써 내려가는 순서이다. 한자를 쓸 때 필순에 따라 쓰면, 균형미를 갖추게 될 뿐 아니라 한자 구성의 구조도 이해하게 된다. 흔히 필순을 물이 흘러가듯 붓이 흘러가는 길이라고 한다. 한자 필순은 대부분 기본 원리를 이해하여 적용하면 되지만, 몇 가지 예외적인 것도 있음을 기억해두자.

1. 왼쪽에서 오른쪽으로 쓴다.

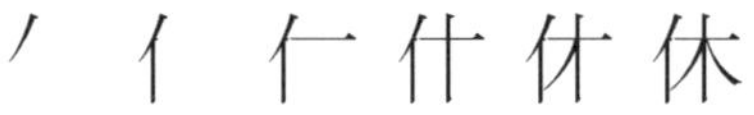

예 川, 外, 側

2. 위에서 아래로 쓴다.

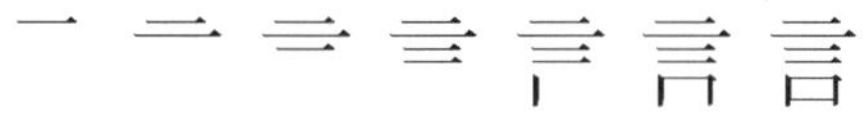

예 三, 言, 高

3. 가로획과 세로획이 교차될 때에는 가로획을 먼저 쓴다.

一 十

예 十, 古, 支

4. 삐침을 먼저 쓰고 파임을 나중에 쓴다.

丿 人

예 人, 公, 父

5. 좌우 모양이 같을 때는 가운데를 먼저 쓴다.

亅 亅 水 水

예 水, 小, 永

예외 火 火

6. 몸과 안으로 된 글자는 몸을 먼저 쓴다.

丨 冂 冂 同 同 同

예 同, 用, 問

7. 상하로 꿰뚫는 세로획은 맨 나중에 쓴다.

丨 口 口 中

예 中, 事, 車

8. 좌우로 꿰뚫는 가로획은 맨 나중에 쓴다.

㇛ 女 女

예 女, 母, 毌

9. 오른쪽 위의 점은 맨 나중에 쓴다.

丿 亻 仁 代 伐 伐

예 伐, 犬, 武

10. 辶, 廴은 마지막에 쓴다.

厂 斤 斤 䜣 䜣 䜣 近

예 近, 建

11. 받침이 독립된 글자일 때 받침을 먼저 쓴다.

一 十 土 [illegible] [illegible] [illegible] 走 [illegible] [illegible] 起

예 起, 勉, 匙

12. 가로획이 짧고 왼쪽 삐침이 길면 가로획부터 쓴다.

一 ナ [illegible] [illegible] [illegible] 存

예 在, 左, 友

13. 가로획이 길고 왼쪽 삐침이 짧으면 왼쪽 삐침부터 쓴다.

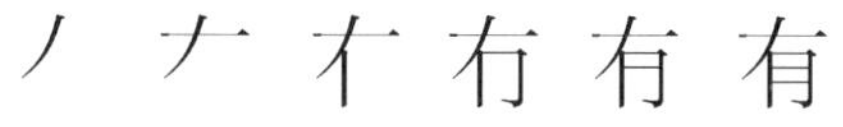

丿 ナ [illegible] 有 有 有

예 布, 右, 有

14. 특히 주의해야 할 필순

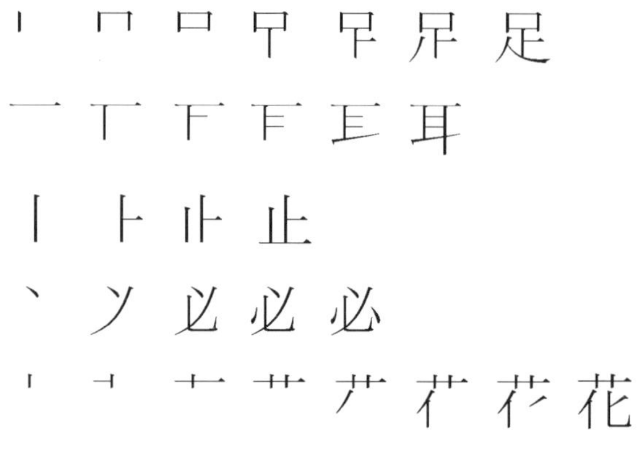

丨 冂 口 [illegible] [illegible] [illegible] 足

一 丅 [illegible] [illegible] [illegible] 耳

丨 卜 [illegible] 止

丶 丿 [illegible] [illegible] 必

丨 [illegible] 十 卄 [illegible] [illegible] [illegible] 花

15. 특수한 자형(字形)의 필순 보기

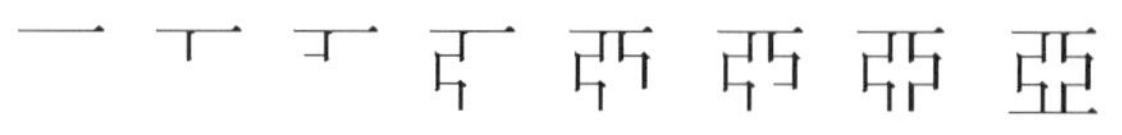

一 [illegible] [illegible] [illegible] [illegible] [illegible] [illegible] 亞

제1부

교육과 학습의 중요성

사람이 막 태어난 처음 하늘이 부여한 인간다움은 본디 선량하였다. 선량한 인간 성향[性]은 어느 사람이나 서로 비슷하지만, 후천적 학습으로 사람들은 서로 천차만별로 다르게 된다. 만일 올바른 교육을 하지 않으면 그 선량한 인간다움은 곧 나쁜 쪽으로 바뀌게 된다. 교육을 실현하는 올바른 방법은 사람들이 집중력을 가지고 뜻을 실현하느냐가 관건이다. 맹자 어머니는 주거지를 세 번이나 바꾸었고 아들이 배움을 중지하자 베틀에 짜던 옷감의 실을 잘라 경계하였다. 오대(五代) 말에 유주(幽州, 현재 북경)의 두우균(竇禹鈞)은 인간으로 행해야 할 올바른 규범[義方]을 지키면서 다섯 아들을 엄격하게 교육하여 과거(科擧)에 모두 급제시켜 이름을 세상에 널리 알렸다.

내 아이를 먹이고 입히기만 하고 교육하지 않는다면 부모로서의 할 일을 다 하지 못한 것이다. 가르칠 때 엄격하지 않은 것은 스승의 나태함이라고 말할 수 있다. 어려서 배우지 않는 것은 올바른 자세라고 할 수 없다. 어린 시절 배우지 않으면 늙어서 할 수 있는 것이 없다. 천연의 아름다운 옥(玉)도 연마하지 않으면 원하는 기물(器物)을 얻지 못하듯, 훌륭한 소질의 사람도 배우지 않으면 사람으로서의 올바른 삶의 방식[義方]을 알지 못한다.

자식 된 사람은 참으로 어린 시절에 좋은 스승, 좋은 친구와 친근하게 지내면서 사회적 몸가짐인 예절을 반복해서 연습해야 한다. 후한의 황향(黃香)은 나이 겨우 아홉 살에 어머니를 여의었지만 추운 겨울 자신의 체온으로 아버지의 잠자리를 따듯하게 해드렸다. 부모에게 효도하는 것은 사람으로서 응당 실천해야만 하는 예의이다. 한대(漢代)의 공융(孔融)은 겨우 네 살 때 스스로 형에게 배를 양보하였다. 연장자에게 공손하게 처신함은 아랫사람이라면 반드시 알아야 할 예의이다. 교육에 있어서 첫 번째는 효도와 우애의 실천이고, 그다음은 견문(見聞)을 통한 지식의 확장이다. 지식 학습에서는 수리(數理)의 변화를 알고 고금의 문장[文]의 의미를 이해해야 한다.

人之初, 性本善. 인지초 성본선

사람은 태어날 때 본성이 선하다.

사람 인	어조사 지	처음 초	성품 성	근본 본	착할 선
人	之	初	性	本	善
丿 人	ˈ ㅗ 之	礻 衤 衤刀 初	丷 忄 忙 性	一 十 木 本	兰 羊 恙 善
人	之	初	性	本	善

性相近, 習相遠. 성상근 습상원

본성은 서로 가깝지만 습관 때문에 멀어진다.

성품 성	서로 상	가까울 근	익힐 습	서로 상	멀 원
性	相	近	習	相	遠
丷 忄 忙 性	木 木 相 相	厂 斤 沂 近	ㄱ 习 羽 習	木 木 相 相	土 袁 袁 遠
性	相	近	習	相	遠

苟不敎, 性乃遷. 구불교 성내천

가르치지 않으면 본성은 나쁘게 변한다.

만약 구	아니 불	가르칠 교	성품 성	이에 내	옮길 천
苟	不	敎	性	乃	遷
丨 艹 芍 苟	一 ア 不 不	孝 孝 斈 敎	丶 忄 忄 性	丿 乃	覀 䙴 䙴 遷
苟	不	敎	性	乃	遷

敎之道, 貴以專. 교지도 귀이전

가르침의 길에서 귀하게 여기는 것은 집중이다.

가르칠 교	어조사 지	길 도	귀할 귀	써 이	오로지 전
敎	之	道	貴	以	專
孝 孝 斈 敎	丶 亠 之	丷 䒑 首 道	口 中 冑 貴	𠄌 ㇄ 以 以	冂 叀 專 專
敎	之	道	貴	以	專

昔孟母, 擇鄰處, 석맹모 택린처

옛날 맹자의 어머니는 좋은 이웃을 찾아 세 번 이사했고,

예 석	맏 맹	어미 모	가릴 택	이웃 린	곳 처
昔	孟	母	擇	鄰	處
一 卄 昔 昔	了 子 孟 孟	ㄴ 口 母 母	扌 扌 擇 擇	ㅛ 米 粦 鄰	广 虍 處 處
昔	孟	母	擇	鄰	處

子不學, 斷機杼. 자불학 단기저

아들이 학업을 중단하자 베틀의 실을 잘랐다.

아들 자	아니 불	배울 학	끊을 단	베틀 기	북 저
子	不	學	斷	機	杼
ㄱ 了 子	一 ア 不 不	學 學 學 學	斷 斷 斷 斷	木 機 機 機	木 杼 杼 杼
子	不	學	斷	機	杼

竇燕山, 有義方, 두연산 유의방

두연산은 올바른 규범規範을 지키면서,

구멍 두	제비 연	메 산	있을 유	옳을 의	바를 방
竇	燕	山	有	義	方
宀 窨 竇 竇	一 廿 卄 燕	丨 山 山	一 ナ 冇 有	兰 差 姜 義	丶 亠 亍 方
竇	燕	山	有	義	方

敎五子, 名俱揚. 교오자 명구양

다섯 아들을 가르치고 모두 급제시켜 이름을 날렸다.

가르칠 교	다섯 오	아들 자	이름 명	함께 구	날릴 양
敎	五	子	名	俱	揚
孝 斈 敎 敎	一 丆 五 五	乛 了 子	ノ ク 夕 名	亻 佀 但 俱	一 扌 揚 揚
敎	五	子	名	俱	揚

養不敎, 父之過. 양불교 부지과

먹이기만 할 뿐 가르치지 않는 것은 아버지의 과오이다.

기를 **양**	아니 **불**	가르칠 **교**	아비 **부**	어조사 **지**	허물 **과**
養	不	敎	父	之	過
养 养 飬 養	一 ア 不 不	孝 豸 豹 敎	ノ ハ 少 父	' 亠 之	口 冎 咼 過
養	不	敎	父	之	過

敎不嚴, 師之惰. 교불엄 사지타

가르칠 때 엄격하지 않은 것은 스승의 게으름이다.

가르칠 **교**	아니 **불**	엄할 **엄**	스승 **사**	어조사 **지**	게으를 **타**
敎	不	嚴	師	之	惰
孝 豸 豹 敎	一 ア 不 不	吅 嚴 嚴 嚴	亻 自 師 師	' 亠 之	丶 丷 忄 惰
敎	不	嚴	師	之	惰

子不學, 非所宜. 자불학 비소의

자식이 배우지 않는 것은 마땅한 일이 아니다.

아들 자	아니 불	배울 학	아닐 비	바 소	마땅할 의
子	不	學	非	所	宜
乛 了 子	一 丆 不 不	⺊ 𦥑 與 學	丿 ヨ 刲 非	㇇ 戶 所 所	宀 宁 宜 宜
子	不	學	非	所	宜

幼不學, 老何爲. 유불학 노하위

어려서 배우지 않으면 늙어서 무엇을 하겠는가?

어릴 유	아니 불	배울 학	늙을 노	어찌 하	할 위
幼	不	學	老	何	爲
𠃋 幺 幻 幼	一 丆 不 不	⺊ 𦥑 與 學	十 土 耂 老	亻 仁 何 何	⺤ 爫 爲 爲
幼	不	學	老	何	爲

玉不琢, 不成器, 옥불탁 불성기

옥玉도 다듬지 않으면 기물을 만들지 못하듯이,

구슬 옥	아니 불	다듬을 탁	아니 불	이룰 성	그릇 기
玉	不	琢	不	成	器
一 丅 王 玉	一 丆 不 不	𤣩 𤣩 琢 琢	一 丆 不 不	一 厂 成 成	吅 哭 器 器
玉	不	琢	不	成	器

人不學, 不知義. 인불학 불지의

사람도 배우지 않으면 바른 도리를 모른다.

사람 인	아니 불	배울 학	아니 불	알 지	옳을 의
人	不	學	不	知	義
丿 人	一 丆 不 不	𦥑 𦥯 𦥯 學	一 丆 不 不	丿 𠂉 矢 知	䒑 羊 羊 義
人	不	學	不	知	義

爲人子, 方少時, 위인자 방소시

자식 된 사람은 어린 시절에,

될 위	사람 인	아들 자	바야흐로 방	어릴 소	때 시
爲	人	子	方	少	時
爫 爫 爲 爲	丿 人	乛 了 子	丶 亠 方 方	亅 小 小 少	日 旪 時 時
爲	人	子	方	少	時

親師友, 習禮儀. 친사우 습예의

스승과 바른 친구를 가까이 하고 예의를 배워야 한다.

친할 친	스승 사	벗 우	익힐 습	예절 예	의례 의
親	師	友	習	禮	儀
立 亲 親 親	亻 自 師 師	一 ナ 方 友	ㄱ 刁 羽 習	礻 礻 禮 禮	亻 佯 佯 儀
親	師	友	習	禮	儀

香九齡, 能溫席. 향구령 능온석

황향黃香은 아홉 살에 잠자리를 데울 줄 알았다.

향기 향	아홉 구	나이 령	능할 능	따뜻할 온	자리 석
香	九	齡	能	溫	席
一 禾 香 香	丿 九	⺊ 止 齒 齡	厶 自 自' 能	丶 氵 泗 溫	亠 广 庐 席
香	九	齡	能	溫	席

孝於親, 所當執. 효어친 소당집

부모에 대한 효도는 사람의 마땅한 도리이다.

효도 효	어조사 어	어버이 친	바 소	마땅 당	잡을 집
孝	於	親	所	當	執
土 耂 孝 孝	亠 方 於 於	立 亲 親 親	彐 戶 所 所	丨 ⺌ 尚 當	土 幸 執 執
孝	於	親	所	當	執

融四歲, 能讓梨. 융사세 능양리

공융孔融은 네 살 때 배를 양보했다.

녹을 융	넉 사	나이 세	능할 능	양보할 양	배 리
融	四	歲	能	讓	梨
鬲 鬲 融 融	冂 冂 四 四	止 步 产 歲	厶 肯 能 能	言 讓 讓 讓	禾 利 梨 梨
融	四	歲	能	讓	梨

弟於長, 宜先知. 제어장 의선지

아우가 형을 공손히 대하는 것은 반드시 먼저 알아야 한다.

아우 제	어조사 어	맏이 장	마땅할 의	먼저 선	알 지
弟	於	長	宜	先	知
丷 弓 弟 弟	方 方 於 於	巨 長 長 長	宀 宜 宜 宜	𠂉 生 生 先	丿 𠂉 矢 知
弟	於	長	宜	先	知

제2부

수數와 사물의 분류

일에서 십까지가 기본 숫자이다. 열 개의 십이 백이고, 열 개의 백이 천이고, 열 개의 천이 만이다. 세상을 구성하는 세 가지 중요 재료인 삼재(三才)는 하늘 · 땅 · 사람이고, 하늘에서 빛을 내는 세 가지 삼광(三光)은 해 · 달 · 별이며, 삼강(三綱)이란 사람과 사람 사이의 가장 중요한 세 가지 윤리 덕목이다. 군주와 신하 사이에는 언행이 의리(義理)에 맞아 각자 직책을 충실히 하고, 부모와 자녀 사이에는 서로 친하고 사랑함이 있어야 하고, 부부 사이에는 화목함으로 서로 처신하고 서로 존중해야 한다.

봄 · 여름 · 가을 · 겨울을 '사시(四時)' 또는 '사계(四季)'라고도 하며, 봄 가면 여름 오고 가을 가면 겨울 오는 순환왕복이 끝나지 않는다. 남쪽과 북쪽이라고 하고 서쪽과 동쪽이라고 하는데 이 네 가지 방위가 '사방(四方)'이며 중앙(中央)을 기준으로 서로 대응하고 있다. 불과 물이라고 하고 나무와 쇠와 흙이라고 한다. 만물을 생성하는 이 다섯 가지 원소는 운수(運數)를 헤아려 살피는 근본이 되었다.

인(仁) · 의(義) · 예(禮) · 지(智) · 신(信)이라고 하는 것은 사람이 항상 행해야 할 다섯 가지 도(道)이므로 결코 순서를 어지럽혀서는 안 된다. 쌀 · 좁쌀 · 콩 · 보리 · 수수 · 찰수수(고량)의 여섯 종류의 곡식[六穀]은 사람들이 먹고 살아온 주요 곡물이다. 말 · 소 · 양 · 닭 · 개 · 돼지의 여섯 종의 동물[六畜]은 사람들이 길러온 주요 가축이다. 모든 인간에게는 '희열'과 '분노', '슬픔'과 '두려움', '연애'와 '증오'와 '욕망'이라고 하는 일곱 가지 정감, '칠정(七情)'이 갖추어 있다. 박으로 만든 악기, 흙을 구워 만든 악기, 가죽을 발라서 만든 악기, 나무로 만든 악기, 돌로 만든 악기, 금속으로 만든 악기, 거문고와 같은 현악기, 대나무 피리와 같은 관악기, 이 여덟 가지 재료로 만든 악기를 '팔음(八音)'이라고 한다.

자신보다 위로 아버지[父], 조부(祖父), 증조부(曾祖父), 고조부(高祖父)까지 4대, 그리고 자신[身], 자신 아래로 아들[子], 손자[孫], 증손(曾孫), 현손(玄孫)의 4대를 총칭하여 구족(九族)이라고 한다. 이는 가족의 장유(長幼)와 존비(尊卑)의 질서로 혈통이 이어지는 관계이다. 부모와 자식 사이에는 은혜와 사랑이 있어야 하고, 남편과 아내 사이에는 서로 따르며 존중함이 있어야 하고, 형은 동생을 우애(友愛)로 감싸고, 아우는 형에게 공손하게 따라야 한다. 어른과 아이 사이에는 서로 사양함이 있고, 교우관계에는 믿음이 있어야 하고, 군주는 신하를 존중하는 자세로 접해야 하고, 신하는 군주에게 정성스런 자세로 임해야 한다. 이 열 가지 정도(正道)는 사람이면 모두 지켜야 하는 것으로 '십의(十義)'라고 한다.

首孝弟, 次見聞. 수효제 차견문

첫 번째가 효도와 우애, 그 다음이 견문의 확대이다.

머리 수	효도 효	공경할 제	다음 차	볼 견	들을 문
首	孝	弟	次	見	聞
丷 䒑 𦣻 首	土 耂 考 孝	丷 䒑 弚 弟	冫 冫 次 次	丨 冂 目 見	𠁣 門 門 聞
首	孝	弟	次	見	聞

知某數, 識某文. 지모수 식모문

지식의 기본은 숫자를 아는 것이고, 그 다음은 글을 아는 것이다.

알 지	아무 모	셈 수	알 식	아무 모	글월 문
知	某	數	識	某	文
丿 𠂉 矢 知	一 卄 甘 某	口 昌 婁 數	言 諳 識 識	一 卄 甘 某	丶 亠 ナ 文
知	某	數	識	某	文

一而十, 十而百. 일이십 십이백

일이 열이면 십이고, 십이 열이면 백이다.

한 일	말이을 이	열 십	열 십	말이을 이	일백 백
一	而	十	十	而	百
一	一 丆 丙 而	一 十	一 十	一 丆 丙 而	一 丆 丙 百
一	而	十	十	而	百

百而千, 千而萬. 백이천 천이만

백이 열이면 천이고, 천이 열이면 만이다.

일백 백	말이을 이	일천 천	일천 천	말이을 이	일만 만
百	而	千	千	而	萬
一 丆 百 百	一 丆 丙 而	丿 二 千	丿 二 千	一 丆 丙 而	艹 苜 萬 萬
百	而	千	千	而	萬

三才者, 天地人, 삼재자 천지인

삼재는 천, 지, 인이고,

석 삼	재주 재	것 자	하늘 천	땅 지	사람 인
三	才	者	天	地	人
一 二 三	一 十 才	土 耂 者 者	一 二 チ 天	十 圴 地 地	丿 人
三	才	者	天	地	人

三光者, 日月星. 삼광자 일월성

삼광은 일, 월, 성이다.

석 삼	빛 광	것 자	해 일	달 월	별 성
三	光	者	日	月	星
一 二 三	丨 丷 业 光	土 耂 者 者	丨 冂 日 日	丿 刀 月 月	日 尸 旦 星
三	光	者	日	月	星

三綱者, 君臣義, 삼강자 군신의

삼강은 군신의 도리,

석 삼	벼리 강	것 자	임금 군	신하 신	옳을 의
三	綱	者	君	臣	義
一 二 三	幺 糸 絅 綱	土 耂 者 者	㇇ ⺕ 尹 君	一 丅 䶹 臣	䒑 羊 美 義
三	綱	者	君	臣	義

父子親, 夫婦順. 부자친 부부순

부자의 친밀, 부부의 화목이다.

아비 부	아들 자	친할 친	지아비 부	지어미 부	화순할 순
父	子	親	夫	婦	順
ノ 八 父 父	乛 了 子	立 亲 親 親	一 二 夫 夫	女 女 婦 婦	川 川 順 順
父	子	親	夫	婦	順

曰春夏, 曰秋冬. 왈춘하 왈추동

춘하라고 하고, 추동이라고 한다.

가로 왈	봄 춘	여름 하	가로 왈	가을 추	겨울 동
曰	春	夏	曰	秋	冬
丨 冂 日 曰	三 夫 夫 春	一 百 夏 夏	丨 冂 日 曰	𠂆 禾 禾 秋	ノ ク 夂 冬
曰	春	夏	曰	秋	冬

此四時, 運不窮. 차사시 운불궁

이런 '사시'의 순환은 끝이 없다.

이 차	넉 사	때 시	돌 운	아니 불	다할 궁
此	四	時	運	不	窮
⺊ 止 止 此	冂 冂 四 四	日 昈 時 時	冐 冒 軍 運	一 丆 不 不	穴 穷 穿 窮
此	四	時	運	不	窮

曰南北, 曰西東. 왈남북 왈서동

남북이라고 하고, 동서라고 한다.

가로 왈	남녘 남	북녘 북	가로 왈	서녘 서	동녘 동
曰	南	北	曰	西	東
丨 冂 日 曰	一 十 南 南	丨 丬 北 北	丨 冂 日 曰	一 丙 丙 西	百 車 東 東
曰	南	北	曰	西	東

此四方, 應乎中. 차사방 응호중

이 '사방'은 중中을 두고 대응한다.

이 차	넉 사	방향 방	응할 응	어조사 호	가운데 중
此	四	方	應	乎	中
卜 止 止 此	冂 四 四 四	丶 亠 方 方	亠 广 雁 應	一 丆 乎 乎	丨 口 口 中
此	四	方	應	乎	中

曰水火, 木金土, 왈수화 목금토

수화, 목금토라고 하는데,

가로 왈	물 수	불 화	나무 목	쇠 금	흙 토
曰	水	火	木	金	土
丨 冂 日 曰	亅 才 水 水	丶 丷 少 火	一 十 才 木	人 亼 金 金	一 十 土
曰	水	火	木	金	土

此五行, 本乎數. 차오행 본호수

이것은 오행으로 수數에 근본을 둔다.

이 차	다섯 오	다닐 행	근본 본	어조사 호	셈 수
此	五	行	本	乎	數
卜 ㅏ 止 此	一 丅 五 五	彳 彳 行 行	一 十 木 本	一 丷 乊 乎	口 昌 婁 數
此	五	行	本	乎	數

曰仁義, 禮智信, 왈인의 예지신

인의, 예지신이라고 하는데,

가로 왈	인할 인	옳을 의	예절 예	지혜 지	믿을 신
曰	仁	義	禮	智	信
丨 冂 日 曰	ノ 亻 仁 仁	羊 差 義 義	亍 礻 禮 禮	𠂉 矢 知 智	亻 信 信 信
曰	仁	義	禮	智	信

此五常, 不容紊. 차오상 불용문

이것은 오상으로 어지럽힘을 허용하지 않는다.

이 차	다섯 오	항상 상	아니 불	용납할 용	어지러울 문
此	五	常	不	容	紊
卜 止 止 此	一 丅 五 五	' 丷 常 常	一 丆 不 不	宀 穴 究 容	亠 文 紊 紊
此	五	常	不	容	紊

稻粱菽, 麥黍稷, 도량숙 맥서직

벼 · 좁쌀 · 콩 · 보리 · 수수 · 찰수수(고량),

벼 도	조 량	콩 숙	보리 맥	기장 서	고량 직
稻	粱	菽	麥	黍	稷
禾 秤 稻 稻	氵 汈 沕 粱	艹 芓 菽 菽	从 來 夾 麥	禾 黍 黍 黍	禾 稈 稷 稷
稻	粱	菽	麥	黍	稷

此六穀, 人所食. 차육곡 인소식

이것은 육곡으로 사람이 먹는 주요 곡물이다.

이 차	여섯 육	곡식 곡	사람 인	바 소	먹을 식
此	六	穀	人	所	食
卜 止 止 此	' 亠 六 六	声 尞 穀 穀	丿 人	彐 戶 所 所	今 今 食 食
此	六	穀	人	所	食

馬牛羊, 鷄犬豕, 마우양 계견시

말 · 소 · 양 · 닭 · 개 · 돼지,

말 마	소 우	양 양	닭 계	개 견	돼지 시
馬	牛	羊	鷄	犬	豕
三 手 馬 馬	ノ 𠂉 ⺧ 牛	丷 䒑 兰 羊	爫 奚 鷄 鷄	一 ナ 大 犬	一 丆 豸 豕
馬	牛	羊	鷄	犬	豕

此六畜, 人所飼. 차육축 인소사

이것은 육축으로 사람이 기르는 주요 가축이다.

이 차	여섯 육	기를 축	사람 인	바 소	먹일 사
此	六	畜	人	所	飼
⺊ 止 此 此	丶 亠 六 六	亠 玄 斉 畜	ノ 人	⺕ 戶 所 所	今 食 飠 飼
此	六	畜	人	所	飼

曰喜怒, 曰哀懼, 왈희노 왈애구

인간에게는 기쁨과 분노, 슬픔과 두려움,

가로 왈	기쁠 희	성낼 노	가로 왈	슬플 애	두려워할 구
曰	喜	怒	曰	哀	懼
丨 冂 日 曰	𠮷 壴 壴 喜	㇛ 女 奴 怒	丨 冂 日 曰	亠 古 亨 哀	忄 愳 懼 懼
曰	喜	怒	曰	哀	懼

愛惡欲, 七情具. 애오욕 칠정구

사랑과 미움, 욕망이라는 칠정이 있다.

사랑 애	미워할 오	하고자할 욕	일곱 칠	뜻 정	갖출 구
愛	惡	欲	七	情	具
爫 𢖻 愛 愛	亞 亞 亞 惡	谷 谷 谷 欲	一 七	忄 忄 情 情	冂 目 且 具
愛	惡	欲	七	情	具

匏土革, 木石金, 포토혁 목석금

악기는 박, 흙, 가죽으로 만들거나 나무, 돌, 금속으로 만드는데,

박 포	흙 토	가죽 혁	나무 목	돌 석	쇠 금
匏	土	革	木	石	金
夸 匏 匏 匏	一 十 土	一 艹 莒 革	一 十 才 木	一 厂 石 石	人 亼 金 金
匏	土	革	木	石	金

絲與竹, 乃八音. 사여죽 내팔음

여기에 현악기, 관악기를 합쳐서 팔음이라고 한다.

실 사	더불어 여	대 죽	이에 내	여덟 팔	소리 음
絲	與	竹	乃	八	音
幺 糸 絲 絲	ˊ 𦥑 㒷 與	⺊ 𠂉 竹 竹	ノ 乃	ノ 八	亠 立 音 音
絲	與	竹	乃	八	音

高曾祖, 父而身, 고증조 부이신

고조와 증조와 할아버지, 아버지와 나.

높을 고	일찍 증	조상 조	아비 부	말이을 이	몸 신
高	曾	祖	父	而	身
亠 亩 高 高	八 㑒 曾 曾	二 亍 礻 祖	ノ 八 ⺈ 父	一 丆 丙 而	勹 勹 自 身
高	曾	祖	父	而	身

身而子, 子而孫. 신이자 자이손

나의 아들, 아들 아래 손자.

몸 신	말이을 이	아들 자	아들 자	말이을 이	손자 손
身	而	子	子	而	孫
勹 勹 自 身	一 丆 丙 而	㇇ 了 子	㇇ 了 子	一 丆 丙 而	了 孖 孫 孫
身	而	子	子	而	孫

自子孫, 至玄曾, 자자손 지현증

아들과 손자 증손曾孫과 현손玄孫까지가

~부터 자	아들 자	손자 손	이를 지	심원할 현	일찍 증
自	子	孫	至	玄	曾

乃九族, 人之倫. 내구족 인지륜

바로 구족九族인데, 그것이 인륜 관계이다.

이에 내	아홉 구	겨레 족	사람 인	어조사 지	인륜 륜
乃	九	族	人	之	倫

父子恩, 夫婦從, 부자은 부부종

부모와 자식은 은혜가 있고, 남편과 아내는 서로 따르며,

아비 부	아들 자	은혜 은	남편 부	아내 부	좇을 종
父	子	恩	夫	婦	從
㇒ 八 ク 父	㇇ 了 子	冂 因 恩 恩	一 二 夫 夫	女 女ヨ 女帚 婦	彳 彳从 從 從
父	子	恩	夫	婦	從

兄則友, 弟則恭. 형즉우 제즉공

형은 아우에게 우애하고, 아우는 형을 공경한다.

맏 형	곧 즉	우애 우	아우 제	곧 즉	공손할 공
兄	則	友	弟	則	恭
口 口 尸 兄	丨 目 貝 則	一 ナ 方 友	㇔ 当 弓 弟	丨 目 貝 則	廾 共 恭 恭
兄	則	友	弟	則	恭

長幼序, 友與朋, 장유서 우여붕

어른과 아이는 순서가 있고, 교우는 믿음이 있으며,

어른 장	아이 유	차례 서	벗 우	더불어 여	벗 붕
長	幼	序	友	與	朋
一 𠧤 镸 長	𠃋 幺 幻 幼	亠 广 庐 序	一 ナ 方 友	ˊ 𦥑 𦥒 與	丿 月 朋 朋
長	幼	序	友	與	朋

君則敬, 臣則忠. 군즉경 신즉충

군주는 공경하고 신하는 충성한다.

임금 군	곧 즉	공경할 경	신하 신	곧 즉	충성 충
君	則	敬	臣	則	忠
ㄱ ㅋ 尹 君	丨 月 貝 則	艹 芍 苟 敬	一 丆 芓 臣	丨 月 貝 則	口 中 忠 忠
君	則	敬	臣	則	忠

此十義, 人所同. 차십의 인소동

이 십의는 모두에게 적용된다.

이 차	열 십	옳을 의	사람 인	바 소	같을 동
此	十	義	人	所	同
卜 ⺊ 止 此	一 十	䒑 差 義 義	丿 人	彐 戶 所 所	丨 冂 冋 同
此	十	義	人	所	同

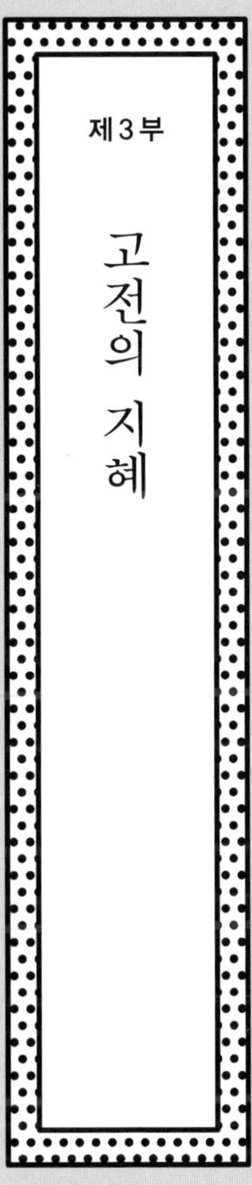

제3부

고전의 지혜

어린 학생을 가르칠 때는 반드시 강의 내용이 명백하고, 문장과 어휘 뜻을 상세히 알려주고, 문장의 끊어 읽기 및 구절의 띄어 읽기를 명백하게 일러준다. 학문에 뜻을 둔 사람은 『소학(小學)』 공부를 시작으로 해서 〈사서(四書)〉 공부로 나아가야 한다.

『논어(論語)』 이십 편은 공자와 여러 제자들의 언행과 사상을 기록한 언행록이다. 『맹자(孟子)』 일곱 편은 올바른 삶의 길인 도덕과 '인의'를 설명하고 있다. 『중용(中庸)』의 저자는 공자의 손자 공급(孔伋)이고, '중용'의 '중(中)'은 치우치지 않음이요, '용(庸)'은 항시 변하지 않는 덕행이다. 『대학(大學)』의 저자는 증자(曾子)이고, 핵심 내용은 몸을 수양하고[修身] 집을 잘 이끄는 것[齊家]에서부터, 나라를 다스리고[治國] 천하를 평정하는[平天下] 데 이른다.

『효경(孝經)』을 충분히 통달하고 이어서 〈사서〉의 내용을 숙독한 뒤에 〈육경(六經)〉과 같은 책을 비로소 깊이 있게 읽을 수 있다. 『시경(詩經)』, 『서경(書經)』, 『역경(易經)』과 『주례(周禮)』, 『예기(禮記)』, 『춘추(春秋)』를 합쳐서 〈육경〉이라고 하는데 반드시 숙독하고 연구해야 한다.

〈역서(易書)〉에는 하(夏)나라의 『연산역(連山易)』, 상(商)나라의 『귀장역(歸藏易)』, 주(周)나라의 『주역(周易)』이 있는데, 세 종류 〈역서〉는 만물의 변화를 상세하게 알려준다. 『서경』에는 전장제도[典], 책사들의 모략[謨], 군신의 언행[訓], 정치적 명령[誥], 정벌의 선언문[誓], 훈령[命]이라는 여섯 종류의 문체(文體)가 있고, 내용은 심오하여 이해하기 어려운 저작이다.

주공(周公)은 주나라의 정치 체제와 국가 제도를 위하여 『주례(周禮)』를 제작하였다. 전한(前漢)의 대덕(戴德)과 그의 조카 대성(戴聖)은 각각 『예기』의 주해서로 『대대례(大戴禮)』와 『소대례(小戴禮)』를 편집하여 예악 제도가 갖추어지게 하였다.

『시경(詩經)』은 내용상 '국풍(國風)', '대아(大雅)', '소아(小雅)', '송(頌)'의 4개 유형으로 구별되고, 이것을 합쳐서 '사시(四詩)'라고 한다. 『시경』은 칭송 또는 풍자의 형식으로 고사(故事)를 기록하고 있다.

주 왕조 쇠퇴 후 채시(采詩) 제도 또한 폐지되자 공자는 『춘추(春秋)』를 편찬하여 역사적 인물과 사실에 대한 칭찬[褒]과 폄하[貶]의 뜻을 은근하게 평가하고, 충선(忠善)과 간악(奸惡)에 대한 구별을 마련했다. 『춘추』의 세 가지 해설서[三傳]에는 노(魯)나라 공양고(公羊高)가 지은 『춘추공양전(春秋公羊傳)』, 공자와 동시대 인물 좌구명(左丘明)이 지은 『춘추좌전(春秋左傳)』, 한(漢)나라 곡량적(穀梁赤)이 지은 『춘추곡량전(春秋穀梁傳)』이 있다.

유가의 경전을 이미 숙독한 뒤에 비로소 제자백가(諸子百家)의 저작을 읽을 수 있다. 책을 읽을 때에는 요점을 잘 파악하고 중요한 내용은 기록하여 둔다. 『삼자경』은 제자백가 중 순자(荀子)와 양웅(揚雄)과 문중자(文中子) 왕통(王通)과 노자(老子)와 장자(莊子)를 '오자(五者)'라고 부르며 특별히 중요시하였다.

凡訓蒙, 須講究. 범훈몽 수강구

어린이를 가르칠 때는 반드시 깊이 생각해야 한다.

무릇 범	가르칠 훈	어릴 몽	모름지기 수	연구할 강	연구할 구
凡	訓	蒙	須	講	究
丿 几 凡	言 訁 訓 訓	艹 夢 蒙 蒙	⺈ 彡 須 須	言 講 講 講	宀 宊 究
凡	訓	蒙	須	講	究

詳訓詁, 明句讀. 상훈고 명구두

소리와 뜻을 자세히 밝히고, 구두점을 정확하게 해주어야 한다.

상세할 상	주낼 훈	주낼 고	밝을 명	글귀 구	구절 두
詳	訓	詁	明	句	讀
言 詳 詳 詳	言 訁 訓 訓	言 計 詁 詁	日 明 明 明	⺈ 勹 句 句	言 讀 讀 讀
詳	訓	詁	明	句	讀

爲學者, 必有初, 위학자 필유초

학문에는 반드시 시작이 있으니,

할 위	배울 학	것 자	반드시 필	있을 유	처음 초
爲	學	者	必	有	初
爫 ⺥ 爲 爲	⺊ ⺊ 𦥯 學	土 耂 者 者	丿 心 心 必	一 ナ 有 有	礻 衤 衩 初
爲	學	者	必	有	初

小學終, 至四書. 소학종 지사서

소학이 끝난 다음 〈사서〉로 나아간다.

작을 소	배울 학	마칠 종	이를 지	넉 사	책 서
小	學	終	至	四	書
亅 小 小	⺊ ⺊ 𦥯 學	幺 糸 終 終	一 云 云 至	冂 冂 四 四	⺕ ⺕ 聿 書
小	學	終	至	四	書

論語者, 二十篇, 논어자 이십편

『논어』는 이십 편으로,

논할 논	말씀 어	것 자	두 이	열 십	책 편
論	語	者	二	十	篇
言 訃 訡 論	言 訂 語 語	土 耂 者 者	一 二	一 十	⺮ 笧 篇 篇
論	語	者	二	十	篇

群弟子, 記善言. 군제자 기선언

공자 및 제자들의 가치 있는 말을 기록했다.

무리 군	아우 제	아들 자	기록할 기	좋을 선	말씀 언
群	弟	子	記	善	言
⺕ 尹 君 群	䒑 当 肖 弟	㇇ 了 子	言 訁 訂 記	䒑 羊 兹 善	二 亖 言 言
群	弟	子	記	善	言

孟子者, 七篇止, 맹자자 칠편지

『맹자』는 일곱 편으로 구성되어 있다.

맏 맹	아들 자	것 자	일곱 칠	책 편	그칠 지
孟	子	者	七	篇	止
㇖ 了 子 孟	㇖ 了 子	土 耂 者 者	一 七	⺮ 笇 篃 篇	丨 卜 止 止
孟	子	者	七	篇	止

講道德, 說仁義. 강도덕 설인의

바른 삶의 길道德을 강론하고, 인의를 해설하는 내용이다.

강론할 강	길 도	큰 덕	말씀 설	어질 인	옳을 의
講	道	德	說	仁	義
言 訁 講 講	丷 䒑 首 道	彳 徳 德 德	言 訁 訟 說	ノ 亻 仁 仁	䒑 美 義 義
講	道	德	說	仁	義

作中庸, 子思筆. 작중용 자사필

『중용』을 지은 사람은 공자의 손자 자사이다.

지을 작	가운데 중	떳떳할 용	아들 자	생각 사	붓 필
作	中	庸	子	思	筆
亻 佗 作 作	丨 冂 口 中	亠 广 肩 庸	乛 了 子	田 用 思 思	竺 笋 筀 筆
作	中	庸	子	思	筆

中不偏, 庸不易. 중불편 용불역

'중中'은 치우치지 않는 것, '용庸'은 변하지 않는 것이다.

가운데 중	아니 불	치우칠 편	떳떳할 용	아니 불	바꿀 역
中	不	偏	庸	不	易
丨 冂 口 中	一 丆 不 不	亻 伃 偏 偏	亠 广 肩 庸	一 丆 不 不	日 月 男 易
中	不	偏	庸	不	易

作大學, 乃曾子, 작대학 내증자

『대학』을 지은 사람은 증자曾子이다.

지을 작	큰 대	배울 학	이에 내	일찍 증	아들 자
作	大	學	乃	曾	子
亻 𠂉 乍 作	一 ナ 大	𦥑 與 學 學	丿 乃	八 仒 曾 曾	乛 了 子
作	大	學	乃	曾	子

自修齊, 至平治. 자수제 지평치

대학은 수신제가修身齊家에서 시작하여, 치국평천하治國平天下로 끝난다.

~부터 자	닦을 수	가지런할 제	이를 지	다스릴 평	다스릴 치
自	修	齊	至	平	治
′ 亻 自 自	亻 亻 攸 修	亠 亣 齊 齊	一 ㄗ 至 至	一 丷 平 平	氵 氵 沿 治
自	修	齊	至	平	治

孝經通, 四書熟, 효경통 사서숙

『효경』에 통달하고 〈사서〉를 숙지한 다음,

효도 효	글 경	통할 통	넉 사	책 서	익을 숙
孝	經	通	四	書	熟
土 耂 考 孝	糸 糸 經 經	マ 甬 涌 通	冂 四 四 四	⺕ ⺕ 聿 書	享 孰 孰 熟
孝	經	通	四	書	熟

如六經, 始可讀. 여육경 시가독

비로소 〈육경〉과 같은 고전을 읽을 수 있다.

같을 여	여섯 육	글 경	비로소 시	가할 가	읽을 독
如	六	經	始	可	讀
人 女 女 如	' 亠 六 六	糸 糸 經 經	人 女 女 始	一 可 可 可	言 讀 讀 讀
如	六	經	始	可	讀

詩書易, 禮春秋, 시서역 예춘추

『시경』, 『서경』, 『역경』과 『의례』, 『예기』, 『춘추』를

시 시	글 서	바꿀 역	예절 예	봄 춘	가을 추
詩	書	易	禮	春	秋
亠 言 言土 詩	亖 亖 聿 書	日 旦 昜 易	亍 礻 禮 禮	三 夫 夫 春	丿 禾 秒 秋
詩	書	易	禮	春	秋

號六經, 當講求. 호육경 당강구

〈육경〉이라고 하니, 마땅히 깊이 연구해야 한다.

일컬을 호	여섯 육	글 경	마땅 당	연구할 강	구할 구
號	六	經	當	講	求
口 号 号虍 號	丶 亠 六 六	糸 糸 經 經	丨 ⺌ 尚 當	言 講 講 講	一 十 才 求
號	六	經	當	講	求

有連山, 有歸藏. 유연산 유귀장

〈역易〉에는 연산 · 귀장이 있다.

있을 유	이을 연	메 산	있을 유	돌아갈 귀	감출 장
有	連	山	有	歸	藏
一 ナ 冇 有	亘 車 連 連	丨 山 山	一 ナ 冇 有	𠂤 自 歸 歸	艹 莊 萨 藏
有	連	山	有	歸	藏

有周易, 三易詳. 유주역 삼역상

주역이 등장하면서 삼역은 상세해졌다.

있을 유	주나라 주	바꿀 역	석 삼	바꿀 역	자세할 상
有	周	易	三	易	詳
一 ナ 冇 有	丿 冂 用 周	日 旦 㫗 易	一 二 三	日 旦 㫗 易	言 訁 詳 詳
有	周	易	三	易	詳

有典謨, 有訓誥, 유전모 유훈고

『서경』은 전과 모, 훈과 고,

있을 유	법 전	꾀할 모	있을 유	가르칠 훈	알릴 고
有	典	謨	有	訓	誥
一 ナ 冇 有	冂 日 曲 典	言 訁 謨 謨	一 ナ 冇 有	言 訓 訓 訓	言 訁 誥 誥
有	典	謨	有	訓	誥

有誓命, 書之奧. 유서명 서지오

서誓와 명命이 담겨 있어 심오하다.

있을 유	맹세 서	목숨 명	글 서	어조사 지	깊을 오
有	誓	命	書	之	奧
一 ナ 冇 有	一 扌 折 誓	人 合 命 命	⺕ ⺕ 聿 書	' 亠 之	宀 宀 奧 奧
有	誓	命	書	之	奧

我周公, 作周禮, 아주공 작주례

우리 주공은『주례』를 지어,

나 아	주나라 주	공변될 공	지을 작	주나라 주	예절 례
我	周	公	作	周	禮
一 于 手 我	丿 冂 用 周	丿 八 公 公	亻 化 作 作	丿 冂 用 周	二 礻 祁 禮
我	周	公	作	周	禮

著六官, 存治體. 저육관 존치체

육관의 제도를 기술하고 치례를 보존했다.

나타날 저	여섯 육	벼슬 관	있을 존	다스릴 치	몸 체
著	六	官	存	治	體
艹 芏 苃 著	丶 亠 六 六	宀 宀 官 官	一 ナ 在 存	氵 汁 氵 治	冂 骨 骨 體
著	六	官	存	治	體

大小戴, 注禮記, 대소대 주예기

대대大戴와 소대小戴는 『예기』를 해설하며,

큰 대	작을 소	일 대	주석할 주	예절 예	기록할 기
大	小	戴	注	禮	記
一 ナ 大	亅 小 小	𠀋 壴 黃 戴	氵 氵 汁 注	礻 礻 禮 禮	言 訁 訁 記
大	小	戴	注	禮	記

述聖言, 禮樂備. 술성언 예악비

성인의 말을 조술하고 예악을 정비했다.

지을 술	성스러울 성	말씀 언	예절 예	음악 악	갖출 비
述	聖	言	禮	樂	備
十 朮 朮 述	𠃊 耳 耶 聖	二 言 言 言	礻 礻 禮 禮	白 绝 樂 樂	亻 佯 佯 備
述	聖	言	禮	樂	備

曰國風, 曰雅頌. 왈국풍 왈아송

『시경』에는 「국풍國風」, 「대소아大小雅」, 「송頌」이 있다.

가로 왈	나라 국	바람 풍	가로 왈	우아할 아	기릴 송
曰	國	風	曰	雅	頌
丨 冂 日 曰	冂 同 國 國	几 凨 風 風	丨 冂 日 曰	匚 牙 雅 雅	公 公 頌 頌
曰	國	風	曰	雅	頌

號四詩, 當諷詠. 호사시 당풍영

이것이 '사시'로 반드시 암송해야 한다.

부를 호	넉 사	시 시	마땅 당	읊을 풍	읊을 영
號	四	詩	當	諷	詠
口 号 号 號	冂 冋 四 四	二 言 言 詩	丨 ⺌ 尚 當	言 訊 諷 諷	言 言 詠 詠
號	四	詩	當	諷	詠

詩旣亡, 春秋作. 시기망 춘추작

『시경』이 사라지자 『춘추』를 지었다.

시 시	이미 기	망할 망	봄 춘	가을 추	지을 작
詩	旣	亡	春	秋	作
詩	旣	亡	春	秋	作

寓褒貶, 別善惡. 우포폄 별선악

『춘추』는 정치적 포폄을 담아 선악을 분별했다.

기탁할 우	기릴 포	떨어뜨릴 폄	분별할 별	착할 선	악할 악
寓	褒	貶	別	善	惡
寓	褒	貶	別	善	惡

三傳者, 有公羊, 삼전자 유공양

『춘추』에는 삼전이 있는데,

석 삼	전할 전	것 자	있을 유	공변될 공	양 양
三	傳	者	有	公	羊
一 二 三	亻 佢 俥 傳	土 耂 者 者	一 ナ 冇 有	丿 八 公 公	丷 䒑 兰 羊
三	傳	者	有	公	羊

有左氏, 有穀梁. 유좌씨 유곡량

공양전, 좌씨전, 곡량전이 그것이다.

있을 유	왼 좌	성 씨	있을 유	곡식 곡	들보 량
有	左	氏	有	穀	梁
一 ナ 冇 有	一 ナ 左 左	一 匚 斤 氏	一 ナ 冇 有	声 㝅 穀 穀	氵 氾 氾 梁
有	左	氏	有	穀	梁

經旣明, 方讀子. 경기명 방독자

유가의 경전에 밝아지면 제자백가의 저작을 읽는다.

글 경	이미 기	밝을 명	바야흐로 방	읽을 독	사람 자
經	旣	明	方	讀	子
糸 糸 經 經	白 自 旣 旣	日 明 明 明	' 亠 方 方	言 讀 讀 讀	了 了 子
經	旣	明	方	讀	子

撮其要, 記其事. 촬기요 기기사

제자서는 핵심을 골라 읽고, 맥락을 기억해야 한다.

취할 촬	그 기	중요할 요	기억할 기	그 기	일 사
撮	其	要	記	其	事
一 扌 撮 撮	一 卄 甘 其	覀 覀 要 要	言 記 記 記	一 卄 甘 其	一 亊 亊 事
撮	其	要	記	其	事

五子者, 有荀楊, 오자자 유순양

'다섯 선생'은 순자荀子와 양웅楊雄,

다섯 오	사람 자	놈 자	있을 유	풀이름 순	오를 양
五	子	者	有	荀	楊
一 丁 五 五	乛 了 子	土 耂 者 者	一 ナ 有 有	一 十 芍 荀	十 杩 楞 楊
五	子	者	有	荀	楊

文中子, 及老莊. 문중자 급노장

문중자 왕통王通과 노자老子, 장자莊子이다.

글월 문	가운데 중	사람 자	미칠 급	늙을 노	씩씩할 장
文	中	子	及	老	莊
丶 亠 ナ 文	丨 口 口 中	乛 了 子	乃 乃 及	十 土 耂 老	艹 艹 芷 莊
文	中	子	及	老	莊

제4부

역사의 흐름

유가의 경서(經書)와 제자백가의 저작을 통달한 뒤에 곧 각종 역사 저작을 읽을 수 있다. 사서(史書)를 읽을 때에는 각 왕조와 각 세대의 계보(系譜)를 탐구하여 각 왕조의 흥망과 시말의 원인을 분명히 알아야 한다.

중국 역사는 상고(上古) 시대의 삼황(三皇)으로 불린 복희(伏羲)씨 신농(神農)씨 황제(黃帝)에서 시작한다. 요(堯)임금과 선양(禪讓)을 받은 순(舜)임금을 이제(二帝)라고 부르고 이 시기를 태평성세라고 하였다. 하(夏) 왕조를 개국한 대우(大禹), 상(商) 왕조를 개국한 탕왕(湯王), 주(周) 왕조를 개국한 문왕(文王)과 그 아들 무왕(武王), 즉 세 왕조의 개국군왕을 사람들은 삼왕(三王)이라고 존칭하였다. 하(夏)나라 우왕부터 제위(帝位)를 아들에게 물려주는 세습(世襲)이 시행되었다. 하나라는 400년(기원전 21세기~기원전 16세기)간 지속된 뒤, 상(商)나라로 바뀌었다.

탕(湯)왕은 하(夏) 왕조를 멸망시키고 상(商)나라를 세웠고, 이후 600여 년 지속되다가 주(紂)왕에 이르러 주(周)나라에 멸망당하였다. 무(武)왕은 상나라 주왕을 죽이고 주(周) 왕조를 개국한 이후 천하를 800년에 걸쳐서 다스렸다. 주나라 평왕(平王)이 도읍을 동쪽으로 옮긴 이래로, 주나라의 법제와 기강이 무너져서 제후들이 서로 정벌하는 혼란의 시대가 되었다. 제후들은 유명한 유세가(遊說家)들의 주장을 높게 대우하였고, 주나라가 도읍을 동쪽으로 옮긴 이후, 춘추(春秋)시대가 시작되고 전국(戰國)시대로 끝나기까지 5명의 패자(霸者)가 권력을 휘두르고 7개의 강국(强國)이 출현하였다.

진(秦)나라 왕 영정(嬴政)은 무력으로 6국을 하나로 만들어 천하를 통일하고 시황제가 되었다. 왕권을 이세(二世)에게 물려주었지만 곧 진나라는 멸망하고 말았다. 한(漢)나라 고조(高祖)가 항우(項羽)를 물리치고 한나라 왕조를 건립하였다. 한 왕조는 12대를 거치고 어린 평제(平帝) 시기에 외숙 왕망(王莽)에게 왕위를 찬탈당하고 제위를 잃었다. 이후 광무제(光武帝)가 왕망을 죽이고 황제에 올라 도읍을 낙양에 정하였는데 동한(東漢)이라고 불린다. 서한과 동한은 천하를 400여 년 통치하다가 헌제(獻帝)에 이르러 멸망하였다.

조조(曹操)의 위(魏), 유비(劉備)의 촉(蜀), 손권(孫權)의 오(吳)나라가 서로 동한의 왕위를 차지하기 위하여 다투는 시기를 삼국시대(三國時代)라고 부른다. 이후 서진(西晉)과 동진(東晉)에 이어지고, 진(晉)나라 이후, 장강 이남에 남송(南宋)과 남제(南齊)가 왕위를 계승하고 또다시 남양(南梁)과 남진(南陳)이 그것을 이어받으니 남조(南朝)라고 불렀다. 남조의 왕조는 모두 금릉(金陵, 현재 남경)에 도읍하였다. 북조(北朝)는 북위(北魏)가 북방을 통일하는 것에서 시작되고, 분열하여 동위(東魏)와 서위(西魏)가 되었다. 우문각(宇文覺)이 서위(西魏)를 멸망시키고 북주(北周)를 건립하였으며 고양(高洋)이 동위(東魏)를 대신하여 북제(北齊)를 건립하였다. 양견(楊堅)이 남북조를 결속하여 수(隋)나라를 세우면서 천하는 다시 통일되었다. 하지만 수나라는 겨우 38년 만에 당(唐)나라 고조(高祖) 이연(李淵)에게 멸망당하였다. 당(唐)의 왕위는 약 300년(618~907)의 역사를 거쳤지만, 후량(後梁)에게 멸망당하여 양(梁)으로 바뀌었다. 이후 후량(後梁), 후당(後唐), 후진(後晋), 후한(後漢), 후주(後周)를 역사에서 오대(五代)라고 부르는데 다섯 왕조의 흥망(興亡)과 교체에는 모두 연유가 있다.

조광윤(趙匡允)이 후주(後周)의 어린 공제(恭帝)에게 왕위를 선양(禪讓)받아 송(宋)을 세웠다. 송의 왕위는 북송(北宋)과 남송(南宋) 합쳐 18대에 걸쳐 계승되었고 북송은 금에 멸망당하고 남송은 금나라, 원나라와 여러 해 전쟁을 하였다. 중국의 17왕조의 역사의 대략은 모두 여기에 제시되었다. 사서에는 치란의 과정이 기록되어 있고 사서를 읽는 것으로 흥망의 원인을 알 수 있다.

왕응린(王應麟, 1223~1296)이 편찬한 『삼자경』에 없는 송나라 이후의 역사는 민국시대 장병린(章炳麟)의 중정본(重訂本)에 의거하여 일부 보충했다. 이 밖에 『삼자경』 편찬에 관한 내력은 『삼자경 인문학』을 참고하라.

經子通, 讀諸史. 경자통 독제사

경서와 제자서에 통달한 다음 역사를 읽는다.

경서 경	사람 자	통할 통	읽을 독	모두 제	역사 사
經	子	通	讀	諸	史
糸 糸 經 經	了 了 子	甬 甬 通	言 讀 讀 讀	言 言 諸 諸	口 史 史
經	子	通	讀	諸	史

考世系, 知終始. 고세계 지종시

왕조의 계보를 살피고 흥망과 시말을 알아야 한다.

살필 고	세상 세	계통 계	알 지	마칠 종	처음 시
考	世	系	知	終	始
土 耂 考 考	一 廿 廿 世	一 乏 系 系	丿 𠂉 矢 知	幺 糸 終 終	𡿨 女 女 始
考	世	系	知	終	始

自羲農, 至黃帝, 자희농 지황제

복희伏羲와 신농神農에서 황제에 이르기까지를

~부터 자	복희씨 희	농사 농	이를 지	누를 황	임금 제
自	羲	農	至	黃	帝
′ 丨 自 自	羊 羊 羑 羲	曰 曲 農 農	一 㐅 至 至	艹 昔 黄 黃	亠 产 啇 帝
自	羲	農	至	黃	帝

號三皇, 居上世. 호삼황 거상세

삼황이라고 부르는데, 그들은 상고에 속한다.

일컬을 호	석 삼	임금 황	살 거	위 상	세상 세
號	三	皇	居	上	世
口 号 号 號	一 二 三	白 皇 皇 皇	コ 尸 居 居	丨 卜 上	一 廿 廿 世
號	三	皇	居	上	世

唐有虞, 號二帝. 당유우 호이제

요堯임금 도당陶唐씨와 순舜임금 유우有虞씨를 이제라고 부른다.

당나라 당	있을 유	순임금 우	일컬을 호	두 이	임금 제
唐	有	虞	號	二	帝
亠 广 庐 唐	一 ナ 冇 有	虍 广 虐 虞	口 号 号 號	一 二	亠 产 产 帝
唐	有	虞	號	二	帝

相揖遜, 稱盛世. 상읍손 칭성세

요임금은 제위를 순임금에게 선양했으므로, 태평성세라고 칭한다.

서로 상	읍할 읍	겸손할 손	부를 칭	성할 성	세상 세
相	揖	遜	稱	盛	世
木 朩 相 相	一 扌 揖 揖	孑 孫 遜 遜	禾 禾 稱 稱	丿 厂 成 盛	一 廿 廿 世
相	揖	遜	稱	盛	世

夏有禹, 商有湯. 하유우 상유탕

하夏는 우왕禹王이 열었고, 상商은 탕왕湯王이 열었다.

하나라 하	있을 유	하우씨 우	나라이름 상	있을 유	성씨 탕
夏	有	禹	商	有	湯
一 丆 夏 夏	一 ナ 有 有	一 吕 禹 禹	产 啇 商 商	一 ナ 有 有	氵 浔 渴 湯
夏	有	禹	商	有	湯

周文武, 稱三王. 주문무 칭삼왕

그들과 주周의 문왕 · 무왕을 함께 삼왕이라고 부른다.

주나라 주	글월 문	무왕 무	부를 칭	석 삼	임금 왕
周	文	武	稱	三	王
丿 冂 用 周	丶 亠 ナ 文	二 亍 武 武	禾 秤 稱 稱	一 二 三	一 二 千 王
周	文	武	稱	三	王

夏傳子, 家天下, 하전자 가천하

하나라는 제위를 아들에게 전하고 천하를 가족 소유로 삼았고,

하나라 하	전할 전	아들 자	집 가	하늘 천	아래 하
夏	傳	子	家	天	下
一 丆 頁 夏	亻 俥 傅 傳	㇇ 了 子	宀 宇 家 家	一 二 于 天	一 丅 下
夏	傳	子	家	天	下

四百載, 遷夏社. 사백재 천하사

400년이 지난 다음 사직을 옮겼다.

넉 사	일백 백	해 재	옮길 천	하나라 하	토지신 사
四	百	載	遷	夏	社
冂 门 四 四	一 丆 百 百	𡈼 軎 載 載	覀 覀 䙴 遷	一 丆 頁 夏	亍 示 社 社
四	百	載	遷	夏	社

湯伐夏, 國號商. 탕벌하 국호상

탕왕은 하나라를 멸망시키고 국호를 상商이라고 했다.

성씨 탕	칠 벌	하나라 하	나라 국	일컬을 호	상나라 상
湯	伐	夏	國	號	商
氵 浬 渴 湯	亻 代 伐 伐	一 丆 夏 夏	冂 同 國 國	口 号 号 號	产 內 商 商
湯	伐	夏	國	號	商

六百載, 至紂亡. 육백재 지주망

대략 600년을 존속하다가 주紂왕에 이르러 멸망했다.

여섯 육	일백 백	해 재	이를 지	주임금 주	망할 망
六	百	載	至	紂	亡
' 亠 六 六	一 丆 百 百	青 載 載 載	一 云 至 至	糹 紆 紂 紂	' 亠 亡
六	百	載	至	紂	亡

周武王, 始誅紂. 주무왕 시주주

주나라 무왕이 상나라 주왕을 죽이고 주 왕조를 건국했다.

주나라 주	무왕 무	임금 왕	비로소 시	벨 주	주임금 주
周	武	王	始	誅	紂
丿 冂 用 周	二 亍 武 武	一 二 千 王	𡿨 女 女 始	言 訁 許 誅	糸 糹 紂 紂
周	武	王	始	誅	紂

八百載, 最長久. 팔백재 최장구

800년을 존속했으니 가장 오래 살아남았다.

여덟 팔	일백 백	해 재	가장 최	길 장	오랠 구
八	百	載	最	長	久
丿 八	一 丆 百 百	䡛 載 載 載	旦 冣 最 最	一 ⺕ 長 長	丿 ク 久
八	百	載	最	長	久

周轍東, 王綱墜. 주철동 왕강추

주나라가 동쪽으로 옮긴 후 왕권이 추락했다.

주나라 주	바퀴 자국 철	동녘 동	임금 왕	벼리 강	떨어질 추
周	轍	東	王	綱	墜
丿 冂 周 周	亘 軒 輎 轍	戸 車 東 東	一 二 干 王	幺 糸 網 綱	阝 阾 隊 墜
周	轍	東	王	綱	墜

逞干戈, 尚游說. 영간과 상유세

제후들 사이에 전쟁이 벌어지고 유세가가 활약했다.

드러낼 영	방패 간	창 과	숭상할 상	놀 유	유세할 세
逞	干	戈	尚	游	說
口 므 呈 逞	一 二 干	一 七 戈 戈	丨 业 尚 尚	方 扩 斿 游	言 訁 訡 說
逞	干	戈	尚	游	說

始春秋, 終戰國, 시춘추 종전국

동주는 춘추에서 시작하여 전국에서 끝나고,

시작 시	봄 춘	가을 추	마칠 종	싸움 전	나라 국
始	春	秋	終	戰	國
𡿨 女 女 始	三 夫 夫 春	一 禾 和 秋	幺 糸 糹 終	門 單 戰 戰	冂 同 國 國
始	春	秋	終	戰	國

五霸強, 七雄出. 오패강 칠웅출

춘추의 '오패'와 전국의 '칠웅'이 있었다.

다섯 오	으뜸 패	굳셀 강	일곱 칠	영웅 웅	날 출
五	霸	强	七	雄	出
一 丆 五 五	一 覀 覇 霸	ㄱ ㄱ 弭 强	一 七	一 厷 雄 雄	丨 屮 屮 出
五	霸	强	七	雄	出

嬴秦氏, 始兼併, 영진씨 시겸병

전국 말 진秦의 영씨는 여러 강국을 통일했다.

찰 영	진나라 진	성 씨	처음 시	겸할 겸	아우를 병
嬴	秦	氏	始	兼	併

傳二世, 楚漢爭. 전이세 초한쟁

진나라는 겨우 2대를 존속했고, 이어 초한의 투쟁이 일어난다.

전할 전	두 이	대 세	초나라 초	한나라 한	다툴 쟁
傳	二	世	楚	漢	爭

高祖興, 漢業建, 고조흥 한업건

한의 고조가 일어나 한을 세웠으나,

높을 고	조상 조	일어날 흥	한나라 한	일 업	세울 건
高	祖	興	漢	業	建
亠 亠 高 高	礻 礻 衤 祖	′ ⺁ 嗣 興	氵 泄 漟 漢	″ 业 丵 業	⺕ ⺕ 聿 建
高	祖	興	漢	業	建

至孝平, 王莽簒. 지효평 왕망찬

효평왕에 이르러 왕망이 찬탈했다.

이를 지	효도 효	평평할 평	임금 왕	우거질 망	빼앗을 찬
至	孝	平	王	莽	簒
一 ㄊ 冭 至	土 耂 孝 孝	一 丷 亚 平	一 二 干 王	艹 苂 芸 莽	笪 笪 箕 簒
至	孝	平	王	莽	簒

光武興, 爲東漢. 광무흥 위동한

광무제가 일어나 동한을 세웠다.

빛 광	굳셀 무	일어날 흥	할 위	동녘 동	한수 한
光	武	興	爲	東	漢

四百年, 終於獻. 사백년 종어헌

한 왕조는 400년을 이어지다 헌제 때 끝났다.

넉 사	일백 백	해 년	마칠 종	어조사 어	바칠 헌
四	百	年	終	於	獻

魏蜀吳, 爭漢鼎. 위촉오 쟁한정

위, 촉, 오가 한을 놓고 쟁탈전을 벌였다.

나라 이름 위	나라 이름 촉	나라 이름 오	다툴 쟁	한나라 한	솥 정
魏	蜀	吳	爭	漢	鼎
魏	蜀	吳	爭	漢	鼎

號三國, 迄兩晉. 호삼국 흘량진

그것을 삼국이라 부르니 진晉의 건국까지 이어진다.

일컬을 호	석 삼	나라 국	이를 흘	두 량	나라이름 진
號	三	國	迄	兩	晉
號	三	國	迄	兩	晉

宋齊繼, 梁陳承, 송제계 양진승

양진兩晉을 송과 제가 계승하고, 양과 진陳이 이었다.

송나라 송	제나라 제	이을 계	양나라 양	진나라 진	이을 승
宋	齊	繼	梁	陳	承
宀 宇 宋 宋	亠 亣 亝 齊	糸 糹 繼 繼	氵刀 氵刃 氵刅 梁	一 二 奉	了 了 承 承
宋	齊	繼	梁	陳	承

爲南朝, 都金陵. 위남조 도금릉

이것을 남조라고 부르니 모두 금릉에 도읍했다.

할 위	남녘 남	아침 조	도읍 도	쇠 금	언덕 릉
爲	南	朝	都	金	陵
爫 爫 爲 爲	一 十 南 南	古 卓 朝 朝	耂 者 者 都	人 亼 金 金	阝 阹 陵 陵
爲	南	朝	都	金	陵

北元魏, 分東西, 북원위 분동서

북에는 북위(원위)가 있었는데, 나중에 동과 서로 분열된다.

북녘 북	으뜸 원	나라 이름 위	나눌 분	동녘 동	서녘 서
北	元	魏	分	東	西
丨 丬 北 北	一 二 テ 元	委 魏 魏 魏	ノ 八 分 分	百 申 東 東	一 一 丙 西

宇文周, 與高齊. 우문주 여고제

우문宇文씨의 북주北周와 고씨의 북제北齊가 공존했다.

집 우	글월 문	나라이름 주	더불 여	높을 고	단정할 제
宇	文	周	與	高	齊
宀 宀 宇 宇	丶 亠 ナ 文	丿 冂 周 周	丶 fi 與 與	亠 亠 高 高	亠 亦 亦 齊

迨至隋, 一土宇. 태지수 일토우

수나라에 이르러 천하는 하나가 되었다.

미칠 태	이를 지	수나라 수	한 일	흙 토	집 우
迨	至	隋	一	土	宇
厶 厶 台 迨	一 工 云 至	阝 阝 阼 隋	一	一 十 土	宀 宀 宀 宇
迨	至	隋	一	土	宇

不再傳, 失統緒. 불재전 실통서

그러나 다음 대에 전하지 못하고 권력을 잃었다.

아니 불	두 재	전할 전	잃을 실	거느릴 통	실마리 서
不	再	傳	失	統	緒
一 ア 不 不	一 冂 再 再	亻 便 傳 傳	ノ 느 生 失	糸 糸 紶 統	糸 紶 緒 緒
不	再	傳	失	統	緒

唐高祖, 起義師, 당고조 기의사

당나라 고조는 의병을 일으켜,

당나라 당	높을 고	조상 조	일어날 기	옳을 의	군대 사
唐	高	祖	起	義	師
亠 广 庐 唐	亠 亠 高 高	二 亍 礻 祖	土 キ 走 起	亠 羊 義 義	亻 阜 師 師
唐	高	祖	起	義	師

除隋亂, 創國基. 제수난 창국기

수나라의 혼란을 수습하고 창업의 기반을 닦았다.

제거할 제	수나라 수	어지러울 난	비롯할 창	나라 국	터 기
除	隋	亂	創	國	基
㇇ 阝 阾 除	㇇ 阝 陏 隋	爫 爯 亂 亂	今 倉 倉 創	冂 同 國 國	一 卄 其 基
除	隋	亂	創	國	基

二十傳, 三百載, 이십전 삼백재

당나라는 20대까지 왕위를 전하고 300년을 존속했다.

두 이	열 십	전할 전	석 삼	일백 백	해 재
二	十	傳	三	百	載
一 二	一 十	亻 佢 俥 傳	一 二 三	一 丆 百 百	𡈼 載 載 載
二	十	傳	三	百	載

梁滅之, 國乃改. 양멸지 국내개

양나라가 당을 멸망시켜 왕조가 바뀌었다.

양나라 양	멸할 멸	어조사 지	나라 국	이에 내	고칠 개
梁	滅	之	國	乃	改
汈 㓞 㓞 梁	氵 汇 沪 滅	丶 亠 之	冂 囗 國 國	丿 乃	乛 コ 己 改
梁	滅	之	國	乃	改

梁唐晉, 及漢周. 양당진 급한주

당나라 이후, 후량, 후당, 후진 및 후한, 후주가 이어졌다.

양나라 양	당나라 당	진나라 진	미칠 급	한나라 한	주나라 주
梁	唐	晉	及	漢	周
汈 沏 沏 梁	亠 广 庚 唐	𠀆 䜌 晉 晉	乛 乃 及	氵 汼 漟 漢	丿 冂 用 周
梁	唐	晉	及	漢	周

稱五代, 皆有由. 칭오대 개유유

이 시대를 오대라고 부르는데, 흥망성쇠의 이유가 분명하다.

부를 칭	다섯 오	시대 대	모두 개	있을 유	이유 유
稱	五	代	皆	有	由
禾 秎 稱 稱	一 丆 五 五	亻 仁 代 代	一 ト 比 皆	一 ナ 有 有	冂 巾 由 由
稱	五	代	皆	有	由

炎宋興, 受周禪. 염송흥 수주선

송나라가 일어날 때 후주의 선양을 받았다.

불탈 염	송나라 송	일어날 흥	받을 수	주나라 주	선양할 선
炎	宋	興	受	周	禪
炎	宋	興	受	周	禪

十八傳, 南北混. 십팔전 남북혼

18명의 황제에게 이어진 후, 남북이 혼재했다.

열 십	여덟 팔	전할 전	남녘 남	북녘 북	섞을 혼
十	八	傳	南	北	混
一 十	丿 八	亻 佢 俥 傳	一 十 南 南	丨 丬 北 北	氵 泹 淣 混
十	八	傳	南	北	混

十七史, 全在茲. 십칠사 전재자

17왕조의 역사가 여기에 다 실려 있다.

열 십	일곱 칠	역사 사	온전할 전	있을 재	이것 자
十	七	史	全	在	茲
一 十	一 七	口 史 史	ノ 亼 仝 全	一 ナ 𠂇 在	艹 艹 茲 茲
十	七	史	全	在	茲

載治亂, 知興衰. 재치란 지흥쇠

역사의 치란 및 흥쇠가 기재되어 있다.

기재할 재	다스릴 치	어지러울 란	알 지	일어날 흥	쇠할 쇠
載	治	亂	知	興	衰
𡊅 載 載 載	丶 氵 氵 治	亂 亂 亂 亂	ノ 𠂉 矢 知	´ 𠂉 興 興	亠 亣 衰 衰
載	治	亂	知	興	衰

讀史者, 考實錄, 독사자 고실록

역사를 읽는 사람은 실록을 상고하여,

읽을 독	역사 사	사람 자	상고할 고	사실 실	기록할 록
讀	史	者	考	實	錄
言 讀 讀 讀	口 中 史	土 耂 者 者	土 耂 耂 考	宀 宀 宀 實	亽 金 銯 錄
讀	史	者	考	實	錄

通古今, 若親目. 통고금 약친목

자기 눈으로 본 듯이 고금을 관통하는 안목을 가져야 한다.

통할 통	옛 고	이제 금	같을 약	친히 친	눈 목
通	古	今	若	親	目
ᄀ 甬 涌 通	十 古 古 古	ノ 人 今 今	艹 芒 芛 若	立 亲 親 親	丨 冂 月 目
通	古	今	若	親	目

중정본 쓰기

遼與金, 皆稱帝, 요여금 개칭제

요나라와 금나라는 모두 황제를 칭했다.

요나라 요	더불 여	금나라 금	모두 개	부를 칭	임금 제
遼	與	金	皆	稱	帝

元滅金, 絶宋世. 원멸금 절송세

원나라는 금나라를 멸하고 송나라도 무너뜨렸다.

원나라 원	멸할 멸	금나라 금	끊을 절	송나라 송	세상 세
元	滅	金	絶	宋	世

莅中國, 兼戎狄, 리중국 겸융적

원나라는 중국을 지배하고 융적을 통일했으며,

임할 리	가운데 중	나라 국	겸할 겸	오랑캐 융	오랑캐 적
莅	中	國	兼	戎	狄

九十年, 國祚廢. 구십년 국조폐

90년간을 지배하고 마침내 무너졌다.

아홉 구	열 십	해 년	나라 국	천자자리 조	폐할 폐
九	十	年	國	祚	廢

太祖興, 稱大明, 태조흥 칭대명

태조 주원장이 대명大明을 세우고,

클 태	조상 조	일어날 흥	부를 칭	큰 대	밝을 명
太	祖	興	稱	大	明
一 ナ 大 太	二 亍 礻 祖	⺊ ⺁ 㒷 興	禾 秄 稱 稱	一 ナ 大	日 明 明 明
태	祖	興	稱	大	明

紀洪武, 都金陵. 기홍무 도금릉

연호는 홍무라 하고 금릉에 도읍했다.

기록할 기	큰물 홍	굳셀 무	도읍 도	쇠 금	언덕 릉
紀	洪	武	都	金	陵
幺 糸 糸 紀	氵 泄 洪 洪	一 亍 武 武	耂 者 者 都	人 今 金 金	阝 陸 陵 陵
紀	洪	武	都	金	陵

迨成祖, 遷宛平, 태성조 천완평

3대 황제 성조에 이르러 완평[북경]으로 천도하고,

이를 태	이룰 성	조상 조	옮길 천	굽을 완	평평할 평
迨	成	祖	遷	宛	平
厶 厶 台 迨	一 厂 万 成	二 亍 礻 祖	覀 覀 䙴 遷	宀 宀 宛 宛	一 丷 丷 平
迨	成	祖	遷	宛	平

十六世, 至崇禎. 십육세 지숭정

16대 황제까지 이어져 숭정제 때에 무너졌다.

열 십	여섯 육	대 세	이를 지	높을 숭	바를 정
十	六	世	至	崇	禎
一 十	ˈ 亠 六 六	一 卄 廿 世	一 厶 厸 至	山 屮 崇 崇	亍 礻 礻 禎
十	六	世	至	崇	禎

權閹肆, 流寇起, 권엄사 유구기

환관이 권력을 농단하고 도적과 왜구가 창궐했는데,

권세 권	내시 엄	방자할 사	떠돌 유	도둑 구	일어날 기
權	閹	肆	流	寇	起
木 權 權 權	丨 門 門 閹	丨 镸 镸 肆	氵 浐 浐 流	宀 宼 寇 寇	土 丰 走 起
權	閹	肆	流	寇	起

自成入, 神器毁. 자성입 신기훼

이자성이 북경에 입성하여 황제의 지위가 무너졌다.

스스로 자	이룰 성	들 입	귀신 신	그릇 기	헐 훼
自	成	入	神	器	毁
′ 𠂆 自 自	一 厂 厅 成	ノ 入	礻 神 神 神	吅 哭 器 器	𦥑 臼 皀 毁
自	成	入	神	器	毁

清太祖, 興遼東, 청태조 흥요동

청나라 태조는 요동에서 일어나,

맑을 청	클 태	조상 조	일어날 흥	멀 요	동녘 동
清	太	祖	興	遼	東
氵 洼 淸 清	一 ナ 大 太	二 亍 礻 祖	′ ⺁ 𦥑 興	大 夵 尞 遼	亘 申 東 東
清	太	祖	興	遼	東

金之後, 受明封. 금지후 수명봉

후금을 세우고 명나라로부터 봉호를 받았다.

금나라 금	어조사 지	뒤 후	받을 수	명나라 명	봉할 봉
金	之	後	受	明	封
𠆢 亼 佘 金	' 亠 之	彳 䘚 後 後	⺤ 爫 受 受	日 明 明 明	土 圭 封 封
金	之	後	受	明	封

至世祖, 乃大同, 지세조 내대동

세조 때 천하를 통일하고,

이를 지	인간 세	조상 조	이에 내	큰 대	같을 동
至	世	祖	乃	大	同
一 ⺏ 𠫓 至	一 廿 廿 世	二 礻 礻 祖	丿 乃	一 ナ 大	丨 冂 冂 同
至	世	祖	乃	大	同

十二世, 淸祚終. 십이세 청조종

12대를 거친 후 왕조는 막을 내렸다.

열 십	두 이	대 세	맑을 청	임금자리 조	마칠 종
十	二	世	淸	祚	終
一 十	一 二	一 廿 廿 世	氵 浐 淸 淸	礻 礻 祚 祚	幺 糸 終 終
十	二	世	淸	祚	終

凡正史, 廿四部, 범정사 입사부

대체로 중국의 정사는 24사인데,

무릇 범	바를 정	역사 사	스물 입	넉 사	부분 부
凡	正	史	廿	四	部
丿 几 凡	一 丅 叿 正	口 史 史	一 十 廾 廿	冂 门 四 四	亠 音 咅 部
凡	正	史	廿	四	部

益以淸, 成廿五. 익이청 성입오

마지막 청사淸史를 더하면 25사가 된다.

더할 익	써 이	맑을 청	이룰 성	스물 입	다섯 오
益	以	淸	成	廿	五
亼 仌 益 益	𠂉 𠂋 以 以	氵 浐 淸 淸	一 厂 𢦏 成	一 十 廾 廿	一 丆 五 五
益	以	淸	成	廿	五

제 5 부

어떻게 살 것인가

역사책을 읽는 사람은 반드시 역대 왕조에서 편찬한 실록을 자세하게 고찰하여 고금에 발생한 사정을 명백하게 이해해야 한다. 역사책을 읽을 때에는 한편으로는 낭독하고 한편으로는 마음으로 내용을 생각하면서 학습해야 한다.

옛날에 공자는 7살 먹은 항탁(項橐)에게도 배울 것이 있다고 예를 갖춰 스승으로 모셨다. 북송(北宋)의 재상 조보(趙普, 922~992)는 이미 고관(高官)이 되어서도 『논어』 읽기를 좋아하였다. 전한의 노온서(路溫舒)는 빌려온 책을 창포 잎으로 만든 공책에 베껴 썼고, 공손홍(公孫弘)은 빌려온 책을 대나무를 잘라 만든 죽간 위에 베껴 썼다. 그들은 모두 가난하였지만 학습을 포기하지 않고 노력할 줄 알았다. 손경(孫敬)은 졸음을 물리치려고 상투를 들보에 묶고 독서했고, 소진(蘇秦)은 송곳으로 넓적다리를 찔러가면서 독서에 정신을 집중시켰다. 그들은 모두 누가 시킨 것이 아니지만 스스로 분발하였다. 차윤(車胤)은 여름 밤 반딧불이를 모아 책을 읽었고, 손강(孫康)은 눈더미에 반사된 달빛으로 독서를 하였다. 가정 환경은 비록 곤궁하였지만 학습을 중단하지 않았다. 주매신(朱買臣)은 땔나무를 짊어지고 걸어가면서도 책을 읽었고, 이밀(李密)은 소를 타고 소뿔에 책을 올려놓고 읽었다. 몸은 매우 피곤하여도 일상생활 속에서 학습에 매진하였다. 북송의 소순(蘇洵)은 27세나 되어서 본격적으로 독서에 노력하면서 어린 시절 빨리 시작하지 않은 것을 후회하였다. 나이 어린 여러분은 응당 일찍부터 독서에 힘써야 한다. 북송(北宋)의 양호(梁灝)는 82세 때 과거시험에서 장원이 되었지만, 여러분들은 응당 어릴 때부터 학습에 뜻을 세우고 노력해야 한다.

북제(北齊)의 조영(祖瑩)은 8세에 이미 『시경(詩經)』을 암송하였고, 당대(唐代)의 이필(李泌)은 7세에 「바둑 두기[下棋]」를 제목으로 시(詩)를 지어서 신동(神童) 또는 기재(奇才)라고 칭찬받았다. 여러분들은 그들을 모범 삼아 학습해야 한다. 동한(東漢)의 채문

희(蔡文姬)는 여섯 살에 거문고 소리를 분별할 수 있었고, 동진(東晉)의 사도온(謝道韞)은 어려서부터 시를 지어 읊었다. 당(唐)나라 때 유안(劉晏)은 나이 겨우 일곱 살에 신동(神童)으로 추천되어서 한림원(翰林院) 정자(正字) 관직을 담당하였다. 뜻이 있는 사람은 모두 위와 같은 성공을 취득할 수 있을 것이다.

개는 밤에 집을 지키고, 닭은 이른 아침 날이 밝음을 알려 준다. (동물조차 모두 맡은 일을 충실히 하는데) 만일 사람이 배우지 않으면 어떻게 사람이라고 할 수 있겠는가? 누에는 실을 토해 비단을 짜게 하고, 벌은 꿀을 만들어 인간에게 도움을 준다. 사람이 배우지 않으면 저런 벌레에도 미치지 못하게 된다. 어릴 때 분발하고 장성한 뒤 배운 것을 쓸모 있게 활용하여 위로는 군주를 보좌하고 아래로는 백성들을 윤택하게 도와준다. 이미 명성(名聲)이 널리 알려지면 부모의 이름도 세상에 알려지고, 조상들에게 그 영광이 미치고 자손들에게 그 은택이 미친다.

대개는 바구니에 가득 찬 황금을 자식에게 물려주려고 하지만, 나는 오직 한 권의 경서 『삼자경』을 물려주려고 할 뿐이다. 노력하여 근면하면 마침내 성과가 있을 것이지만 놀기만 하고 게으르면 어떤 이익도 없다. 스스로 각성하여 응당 노력해서 향상해야만 한다.

口而誦, 心而惟. 구이송 심이유

입으로 소리 내어 읽고 마음으로 생각한다.

입 구	말이을 이	암송할 송	마음 심	말이을 이	생각할 유
口	而	誦	心	而	惟
丨 冂 口	一 丆 丙 而	訁 訮 誦 誦	㇒ 心 心 心	一 丆 丙 而	忄 忙 惟 惟
口	而	誦	心	而	惟

朝於斯, 夕於斯. 조어사 석어사

아침에도 이렇게 하고 저녁에도 이렇게 한다.

아침 조	어조사 어	이 사	저녁 석	어조사 어	이 사
朝	於	斯	夕	於	斯
百 卓 朝 朝	亠 方 於 於	卄 甘 斯 斯	ノ ク 夕	亠 方 於 於	卄 甘 斯 斯
朝	於	斯	夕	於	斯

昔仲尼, 師項橐. 석중니 사항탁

옛날 공자는 항탁을 찾아가 배웠다.

옛 석	버금 중	비구니 니	스승 사	목 항	전대 탁
昔	仲	尼	師	項	橐
一 卄 丗 昔	亻 仲 仲 仲	ㄱ ㅋ 尸 尼	亻 官 師 師	工 工 項 項	𠫓 𠂹 橐 橐
昔	仲	尼	師	項	橐

古聖賢, 尚勤學. 고성현 상근학

옛날의 성현도 이렇게 배움을 숭상했다.

옛 고	성인 성	어질 현	숭상할 상	부지런할 근	배울 학
古	聖	賢	尚	勤	學
十 十 古 古	耳 耳 耶 聖	臣 臤 賢 賢	丨 ⺌ 尚 尚	廿 廿 堇 勤	𦥑 𦥯 學 學
古	聖	賢	尚	勤	學

趙中令, 讀魯論. 조중령 독노론

조보趙普는 중령의 관직에 올랐으나 항상 『논어』를 읽었다.

나라 조	가운데 중	하여금 령	읽을 독	노나라 노	논할 론
趙	中	令	讀	魯	論
土 丰 走 趙	丨 口 口 中	人 亼 今 令	言 讀 讀 讀	⺈ 魚 魚 魯	言 訡 論 論
趙	中	令	讀	魯	論

彼旣仕, 學且勤. 피기사 학차근

그는 이미 고관高官이 되었지만 이렇게 열심히 공부했다.

저 피	이미 기	벼슬 사	배울 학	또 차	부지런할 근
彼	旣	仕	學	且	勤
彳 彳 彳 彼	白 自 旣 旣	亻 仁 仕 仕	⺽ 𦥯 學 學	冂 月 且	廿 廿 堇 勤
彼	旣	仕	學	且	勤

披蒲編, 削竹簡. 피포편 삭죽간

창포 잎으로 책을 만들고 죽편에 글을 새겼다.

나눌 피	창포 포	엮을 편	깎을 삭	대나무 죽	대쪽 간
披	蒲	編	削	竹	簡
一 扌 扩 披	艹 芦 蒲 蒲	糸 糹 絹 編	丨 小 肖 削	⺈ 𠂉 竹 竹	竺 節 箾 簡
披	蒲	編	削	竹	簡

彼無書, 且知勉. 피무서 차지면

그들은 책이 없었지만 오히려 배우기에 힘썼다.

저 피	없을 무	책 서	또 차	알 지	힘쓸 면
彼	無	書	且	知	勉
彳 彳 衤 彼	𠂉 二 無 無	⺕ 聿 聿 書	冂 月 且	丿 𠂉 矢 知	⺈ 刍 免 勉
彼	無	書	且	知	勉

頭懸梁, 錐刺股. 두현량 추자고

상투를 들보에 묶고 송곳으로 허벅지를 찔렀다.

머리 두	매달 현	들보 량	송곳 추	찌를 자	허벅지 고
頭	懸	梁	錐	刺	股
頭	懸	梁	錐	刺	股

彼不敎, 自勤苦. 피불교 자근고

누가 독촉한 것이 아니라 스스로 분발하여 노력했다.

저 피	아니 불	가르칠 교	스스로 자	부지런할 근	힘쓸 고
彼	不	敎	自	勤	苦
彼	不	敎	自	勤	苦

如囊螢, 如映雪. 여낭형 여영설

반딧불이 주머니와 눈에 비친 달빛으로 독서한다.

같을 여	주머니 낭	반딧불이 형	같을 여	비출 영	눈 설
如	囊	螢	如	映	雪
𡿨 女 女 如	𠀃 𠂤 㚅 囊	𠂇 火 炏 螢	𡿨 女 女 如	日 日 日 映	𠕁 雨 雪 雪
如	囊	螢	如	映	雪

家雖貧, 學不輟. 가수빈 학불철

비록 집이 가난해도 배움을 포기한 적이 없다.

집 가	비록 수	가난할 빈	배울 학	아니 불	그칠 철
家	雖	貧	學	不	輟
宀 宇 家 家	吕 吊 雖 雖	分 分 貧 貧	𦥑 𦥑 學 學	一 丆 不 不	亘 車 輟 輟
家	雖	貧	學	不	輟

如負薪, 如掛角. 여부신 여괘각

땔감을 지고 가며 읽거나 소뿔에 올려 놓고 읽는다.

같을 여	질 부	섶나무 신	같을 여	걸 괘	뿔 각
如	負	薪	如	掛	角
𡿨 女 女 如	ノ ⺈ 负 負	一 莘 薪 薪	𡿨 女 女 如	一 扌 拄 掛	ノ 角 角 角
如	負	薪	如	掛	角

身雖勞, 猶苦卓. 신수로 유고탁

그들은 몸은 고달팠지만 고난 때문에 탁월함을 성취했다.

몸 신	비록 수	수고로울 로	오히려 유	괴로울 고	높을 탁
身	雖	勞	猶	苦	卓
勹 勹 身 身	吕 虽 雖 雖	丷 炏 炏 勞	ノ 犭 猶 猶	一 十 艹 苦	丨 ⺊ 卢 卓
身	雖	勞	猶	苦	卓

蘇老泉, 二十七, 소노천 이십칠

소노천은 27세 때에

성씨 소	늙을 노	샘 천	두 이	열 십	일곱 칠
蘇	老	泉	二	十	七
艹 蘇 蘇 蘇	十 土 耂 老	白 身 皁 泉	一 二	一 十	一 七
蘇	老	泉	二	十	七

始發憤, 讀書籍. 시발분 독서적

처음으로 발분하여 책을 읽었다.

처음 시	필 발	발분할 분	읽을 독	책 서	서적 적
始	發	憤	讀	書	籍
乚 女 女 始	フ ヌ 癶 發	丷 忄 忄 憤	言 讀 讀 讀	⺕ ⺕ 聿 書	竺 䇭 籍 籍
始	發	憤	讀	書	籍

彼旣老, 猶悔遲, 피기노 유회지

그는 나이 들어 늦게 시작한 것을 후회하였다.

저 피	이미 기	늙을 노	오히려 유	뉘우칠 회	늦을 지
彼	旣	老	猶	悔	遲
彼	旣	老	猶	悔	遲

爾小生, 宜早思. 이소생 의조사

너희 젊은이는 일찍 독서에 뜻을 두어야 한다.

너 이	젊을 소	날 생	마땅할 의	일찍 조	생각 사
爾	小	生	宜	早	思
爾	小	生	宜	早	思

若梁灝, 八十二, 약양호 팔십이

양호는 82세에 과거시험을 봤는데

같을 약	들보 양	넓을 호	여덟 팔	열 십	두 이
若	梁	灝	八	十	二
一 艹 芉 若	氵刃 沏 沏 粱	浬 滆 㵎 灝	丿 八	一 十	一 二
若	梁	灝	八	十	二

對大廷, 魁多士. 대대정 괴다사

전시에서 황제의 질문에 대답하여 장원을 차지했다.

대답할 대	큰 대	조정 정	장원 괴	많을 다	선비 사
對	大	廷	魁	多	士
〃 业 丵 對	一 ナ 大	一 二 壬 廷	白 鬼 鬼 魁	ノ 夕 夕 多	一 十 士
對	大	廷	魁	多	士

彼旣成, 衆稱異. 피기성 중칭이

그는 성공을 거두었으니 많은 사람이 경이롭게 여겼다.

저 피	이미 기	이룰 성	무리 중	칭할 칭	뛰어날 이
彼	旣	成	衆	稱	異
彳 彳 彳 彼	白 皀 旣 旣	一 厂 厅 成	血 衆 衆 衆	禾 稱 稱 稱	田 異 異 異
彼	旣	成	衆	稱	異

爾小生, 宜立志. 이소생 의입지

너희 어린 학생은 마땅히 학문에 뜻을 세워야 한다.

너 이	어릴 소	날 생	마땅할 의	설 립	뜻 지
爾	小	生	宜	立	志
爾 爾 爾 爾	亅 小 小	𠂉 牛 生 生	宀 宜 宜 宜	亠 立 立 立	十 士 志 志
爾	小	生	宜	立	志

瑩八歲, 能詠詩, 영팔세 능영시

조영祖瑩은 8세에 『시경』을 암송할 수 있었고,

밝을 영	여덟 팔	나이 세	능할 능	읊을 영	시 시
瑩	八	歲	能	詠	詩
瑩	八	歲	能	詠	詩

泌七歲, 能賦碁. 필칠세 능부기

이필李泌은 7세에 '바둑'에 대한 시詩를 지었다.

스며흐를 필	일곱 칠	나이 세	능할 능	지을 부	바둑 기
泌	七	歲	能	賦	碁
泌	七	歲	能	賦	碁

彼穎悟, 人稱奇. 피영오 인칭기

그들은 총명한 인물로 기재奇才라고 칭찬받았다.

저 피	빼어날 영	깨달을 오	사람 인	칭할 칭	기이할 기
彼	穎	悟	人	稱	奇
彼	穎	悟	人	稱	奇

爾幼學, 當效之. 이유학 당효지

너희 초학자들은 마땅히 그들을 본받아야 한다.

너 이	어릴 유	배울 학	마땅 당	본받을 효	어조사 지
爾	幼	學	當	效	之
爾	幼	學	當	效	之

蔡文姬, 能辨琴, 채문희 능변금

채문희는 어려서부터 거문고 소리를 구별할 수 있었으며,

성씨 채	글월 문	성씨 희	능할 능	분별할 변	거문고 금
蔡	文	姬	能	辨	琴
艹 芨 茨 蔡	' 亠 ナ 文	𠃊 女 如 姬	ム 自 自' 能	立 辛 辨 辨	王王 珡 珡 琴
蔡	文	姬	能	辨	琴

謝道韞 能詠吟. 사도온 능영음

사도온은 어려서부터 시를 읊을 수 있었다.

사례할 사	길 도	감출 온	능할 능	읊을 영	읊을 음
謝	道	韞	能	詠	吟
訁 訂 謭 謝	' 䒑 首 道	韋 韋 韞 韞	ム 自 自' 能	言 訁 詠 詠	口 吟 吟 吟
謝	道	韞	能	詠	吟

彼女子，且聰敏. 피여자 차총민

그들은 여자였지만 이처럼 총명하고 기민했다.

저 피	여자 녀	아들 자	또 차	총명할 총	민첩할 민
彼	女	子	且	聰	敏
彼	女	子	且	聰	敏

爾男子，當自警. 이남자 당자경

너희는 남자로서 마땅히 스스로 경계해야 한다.

너 이	사내 남	아들 자	마땅 당	스스로 자	경계할 경
爾	男	子	當	自	警
爾	男	子	當	自	警

唐劉晏, 方七歲, 당유안 방칠세

당나라의 유안劉晏은 겨우 일곱 살에

당나라 당	성씨 유	늦을 안	바야흐로 방	일곱 칠	나이 세
唐	劉	晏	方	七	歲
亠 广 庚 唐	⺈ 𠂎 卯 劉	日 旦 旻 晏	丶 亠 亏 方	一 七	止 屵 屵 歲
唐	劉	晏	方	七	歲

擧神童, 作正字. 거신동 작정자

신동으로 추천되어 정자 직책을 담당했다.

추천할 거	귀신 신	아이 동	지을 작	바를 정	글자 자
擧	神	童	作	正	字
𠂉 臼 與 擧	礻 祁 神 神	立 音 音 童	亻 亻 作 作	一 丅 正 正	丶 宀 字 字
擧	神	童	作	正	字

彼雖幼, 身已仕. 피수유 신이사

그는 비록 어렸지만 일찍이 벼슬에 나갔다.

저 피	비록 수	어릴 유	몸 신	이미 이	벼슬 사
彼	雖	幼	身	已	仕
彳 彳 彳 彼	吕 吊 雖 雖	乡 幺 幻 幼	门 门 身 身	一 コ 已	亻 仁 仕 仕
彼	雖	幼	身	已	仕

爾幼學, 勉而致. 이유학 면이치

따라서 너희 초학자들은 근면하게 배워야 한다.

너 이	어릴 유	배울 학	힘쓸 면	말이을 이	이를 치
爾	幼	學	勉	而	致
爾	幼	學	勉	而	致

有爲者, 亦若是. 유위자 역약시

무언가를 성취한 사람은 모두 이렇게 했기 때문이다.

있을 유	할 위	사람 자	또 역	같을 약	이 시
有	爲	者	亦	若	是
有	爲	者	亦	若	是

犬守夜, 鷄司晨. 견수야 계사신

개는 밤에 집을 지키고, 닭은 이른 아침을 살핀다.

개 견	지킬 수	밤 야	닭 계	맡을 사	새벽 신
犬	守	夜	鷄	司	晨
一 ナ 大 犬	宀 宀 宇 守	亠 疒 夜 夜	奚 鄈 鄈 鷄	丁 ㇆ 司 司	日 尸 晨 晨
犬	守	夜	鷄	司	晨

苟不學, 曷爲人. 구불학 갈위인

사람이 배우지 않으면 어찌 사람이 되겠는가?

만약 구	아니 불	배울 학	어찌 갈	될 위	사람 인
苟	不	學	曷	爲	人
一 艹 苟 苟	一 ア 不 不	𦥑 𦥯 學 學	日 旦 曷 曷	爫 爫 爲 爲	丿 人
苟	不	學	曷	爲	人

蠶吐絲, 蜂釀蜜. 잠토사 봉양밀

누에는 실을 토해 내고 벌은 꿀을 만든다.

누에 잠	토할 토	실 사	벌 봉	빚을 양	꿀 밀
蠶	吐	絲	蜂	釀	蜜
一 二 𠀎 蠶	口 口一 叶 吐	幺 糸幺 絲 絲	口 虫夂 蜂 蜂	酉 醉 釀 釀	宀 宓 宓 蜜
蠶	吐	絲	蜂	釀	蜜

人不學, 不如物. 인불학 불여물

사람이 배우지 않으면 벌레만도 못하게 된다.

사람 인	아니 불	배울 학	아니 불	같을 여	만물 물
人	不	學	不	如	物
丿 人	一 ア 不 不	⺊ 㸚 學 學	一 ア 不 不	㇛ 女 女 如	牛 牜 物 物
人	不	學	不	如	物

幼而學, 壯而行. 유이학 장이행

어려서 배워야 나이 들어 실행할 수 있다.

어릴 유	말이을 이	배울 학	젊을 장	말이을 이	행할 행
幼	而	學	壯	而	行
幺 幻 幼	一 丆 丙 而	學	丨 丬 壯	一 丆 丙 而	彳 行
幼	而	學	壯	而	行

上致君, 下澤民. 상치군 하택민

위로는 군왕을 섬기고 아래로는 백성을 풍요롭게 만든다.

위 상	이를 치	임금 군	아래 하	은택 택	백성 민
上	致	君	下	澤	民
丨 ⺊ 上	至 致	㇇ 彐 尹 君	一 丅 下	氵 澤	㇕ 巳 民
上	致	君	下	澤	民

揚名聲, 顯父母. 양명성 현부모

이렇게 이름을 날리면 부모의 명예도 드러난다.

날릴 양	이름 명	소리 성	드러날 현	아비 부	어미 모
揚	名	聲	顯	父	母
一 扌 抈 揚	ノ ク タ 名	声 声 殸 聲	㬎 㬎 顯 顯	ノ ハ ク 父	乚 口 母 母
揚	名	聲	顯	父	母

光於前, 裕於後. 광어전 유어후

선조 앞에서 이름을 빛내고 후세에 모범이 된다.

빛 광	어조사 어	앞 전	넉넉할 유	어조사 어	뒤 후
光	於	前	裕	於	後
丨 丬 业 光	亠 方 於 於	䒑 前 前 前	ク 衤 衤 裕	亠 方 於 於	彳 彾 後 後
光	於	前	裕	於	後

人遺子，金滿籯，인유자 금만영

사람들은 자식에게 금을 한 바구니 남겨주지만,

사람 인	끼칠 유	아들 자	쇠 금	찰 만	바구니 영
人	遺	子	金	滿	籯
丿 人	𠀁 貴 潰 遺	乛 了 子	𠆢 亼 佘 金	氵 泮 満 滿	竹 箮 籯 籯
人	遺	子	金	滿	籯

我敎子，惟一經．아교자 유일경

나는 자식에게 삼자경 한 권을 가르칠 뿐이다.

나 아	가르칠 교	아들 자	오직 유	한 일	경서 경
我	敎	子	惟	一	經
二 于 手 我	孝 季 斈 敎	乛 了 子	丷 忄 怍 惟	一	糸 糸 經 經
我	敎	子	惟	一	經

勤有功, 戲無益. 근유공 희무익

노력하면 성과가 있고 놀면 이익이 없다.

부지런할 근	있을 유	공 공	놀 희	없을 무	이익 익
勤	有	功	戲	無	益
艹 艹 菫 勤	一 ナ 冇 有	丅 工 玎 功	广 虍 䖒 戲	𠂉 𠂊 無 無	八 兴 谷 益
勤	有	功	戲	無	益

戒之哉, 宜勉力. 계지재 의면력

경계하노니, 마땅히 배움에 힘써야 한다.

경계할 계	어조사 지	어조사 재	마땅할 의	힘쓸 면	힘 력
戒	之	哉	宜	勉	力
二 开 戒 戒	' 亠 之	吉 吉 哉 哉	宀 宜 宜 宜	𠂊 色 免 勉	𠃌 力
戒	之	哉	宜	勉	力

쓰면서 익히는 삼자경

1판 1쇄 찍음 | 2021년 2월 12일
1판 1쇄 펴냄 | 2021년 2월 19일

지은이 | 한예원
펴낸이 | 김정호

책임편집 | 박수용

펴낸곳 | 아카넷
출판등록 2000년 1월 24일(제406-2000-000012호)
10881 경기도 파주시 회동길 445-3
전화 031-955-9511(편집) · 031-955-9514(주문) | 팩시밀리 031-955-9519
www.acanet.co.kr

Printed in Paju, Korea.

ISBN 978-89-5733-722-6 03700